JN074201

荒木雅博の
二塁手
「超」専門講座

Professional Second Baseman

中日一軍内野守備走塁コーチ
荒木雅博／著
ベースボール・マガジン社

はじめに

　セカンドというのは、なかなか良いイメージを持たれにくいポジションだと思う。特にアマチュアの世界では体が小さくてすばしっこいタイプの選手が配置されやすく、打順を見れば下位にいることも少なくない。さらに少年野球などの場合、セカンドはライトと同じように、守備の苦手な人が追いやられてしまいがちだとも思う。

　しかし、セカンドはものすごく重要なポジションなのだ。たとえば走者一塁の場面。攻撃側はチャンスを拡大するために「あわよくばヒット。最低でも進塁打」という意識で右方向への打球を狙ってくることも多い。ここでセカンドが一・二塁間を抜けていきそうな打球を止めることができれば、失点につながる可能性が高いと言われる走者一・三塁の状況を防ぐことができる。

　また実は、プロの世界ではグラウンドの右側のポジション（ファースト、セカンド、ライト）の守備力も重視されており、その中でもセカンドがピッタリとハマったチームというのはやはり強い。ここ数年で安定感を見せてきた広島東洋カープは、菊池涼介選手が台頭してからどんどん勝ち星が増えていったし、2013年、東北楽天ゴールデンイーグルスが日本一に輝いたときには藤田一也選手がセカンドに定着してチームを支えていた。2018 〜 19年とパ・リーグ2連覇を果たした埼玉西武ライオンズもやはり、浅村栄斗選手（現・東北楽天）や外崎修汰選手がセカンドとして固定されたことが守備の安定感につながっていたと思う。もっと言うと、ショートも含めて二遊間を固定することが大事だと思うのだが、逆に良いショートがいたとしてもセカンドが埋まらないチームは、やりくりに苦労し

ているという印象も強い。

　したがって、もしセカンドを守ることになったら「チームの中で大事なポジションを任されているんだ」と自信を持ってほしい。そして、ぜひともセカンドの守備の面白さを感じてもらいたい。

　日本のプロ野球を見てもメジャー・リーグを見ても、セカンドには特徴のある選手がたくさんいる。近年の日本だと、菊池選手のプレーなどは見ていて面白い。素早く打球へと向かっていくダッシュ力。どんな体勢からでも捕って一塁へ投げてしまうスローイング力。あれこそプロの技術であり、普段の練習をきっちりと積み重ねていることは当然ながら、いろいろな遊びの中からも感覚が養われていったのだと思う。

　一方、藤田選手などは打球を追うときにグラブをあまり動かさない。動作にムダがなく洗練されており、堅実にさばくタイプと言える。浅村選手などは総合的に守備の上手さが感じられる上に、打撃でも中軸を任されている。体格も良く、先述の"よくありがちなセカンド像"とは違った、スケールの大きなタイプだ。そういう見方をしていくと、同じセカンドでも選手によって持ち味が違うことが分かり、いろいろなところから技術向上のヒントを得ることもできる。

　とは言えショートと比べると、セカンドは選手があまり育っていない印象を抱かれているかもしれない。そもそも、セカンドにはもともとショートだった選手が多い。プロの場合でもショートからセカンドに回されるケースは多く、私も決して例外ではない。プロ入りしてから本格的にセカンドを守ることになったため、毎日が試行錯誤。その中で1つのプレーができるたびに「この動きはこういうことなんだな」と後付けで理論を重ねていった。ゼロからスタートして5〜6年続け、ようやく自分の中でのマニュアルができた。「セカンドはこういうふうにやらなきゃいけない」という固定観念がなかったことは良かったが、相当な時間を費やした。

それでも、私が23年間もプロの現役生活を続けられたのは、やはり守備のおかげだと思っている。「守備だけは欠かさない」という想いで毎日必ずノックは受けていたし、慣れてきたからといって楽をするのではなく、常に足をしっかりと動かしてプレーしようと心掛けていた。プロの世界を見ると、全体的に外野手よりも内野手のほうが息の長い選手は多いような気がするが、そこにも守備における運動量や「どれだけ足を動かせるか」という部分がつながっているのだと思う。

　そんな経験をしてきた私が思うのは、プロやアマにかかわらず、最初から専門的にセカンドを育ててみるのも面白いのではないか、ということだ。守備というのは基本こそ全員共通ではあるものの、ポジションによって動き方は違う。ならばショートからコンバートするのではなく、思い切ってセカンドとして英才教育をしてみたらどうか。もちろん、セカンドとしての技術を丸々教え込んでしまうとその動きが染み付き、セカンドしか守れなくなるという懸念はある。だから、その選手が将来的にショートなどへ回る可能性があるかどうか、またポジションによって考え方や動き方を上手く使い分けられる選手かどうかを見極めることは必要だ。ただ、選手の打撃面を重視してポジションに当てはめるのではなく、守備面を見て「セカンドならこの選手」という発想で起用されるようになっていけば、セカンドの選手がもっと伸びていく環境を作れるのではないか、とも思っている。

　私は今、中日ドラゴンズで一軍内野守備走塁コーチを務めさせていただいている。選手に守備の技術指導をする際にはやはり、セカンドを守りながら自らの手で作り上げてきたマニュアルが大いに役立っている。本書ではその内容を分かりやすく紹介しているつもりだ。それを通じてセカンドの面白さ、そして上達するためのヒントを少しでも感じてもらえればとても嬉しい。

荒木雅博の
二塁手
「超」専門講座
Professional
Second
Baseman

目次

第4章 実戦でのポジショニングと守備隊形

写真／佐藤真一、ベースボール・マガジン社
装丁・デザイン／貝原秀哉、イエロースパー
撮影協力／株式会社ハウスバンク、BE-ZONE
編集協力／中里浩章

第1章

二塁手の特性と感覚

セカンドへの挑戦

★守備の基本技術はどのポジションでも同じ

　私が初めてセカンドを守ったのは、たしか熊本工業高校時代だったと思う。もともとショートだったのだが、1学年上の田中秀太さん（元阪神）がショートにいたため、2年夏まではセカンドを守った。ただし、最上級生になってからはまたショートへと戻っており、本格的にセカンドの技術を学んだのはプロに入ってからのことだ。

　と言っても、ショートとしても決して経験が豊富だったわけではない。そもそも私が本格的に野球を始めたのは中学時代。小学生の頃は地元に野球チームがなかったため、サッカーをしたり地域の人たちに交じってソフトボールをしたり。そして中学で野球部に入部し、何となく内野手がやりたかったのでショートを希望したという程度だ。

　だが、その当時から守備には興味があり、バットを持ってボールを打つよりもグラブを持ってノックを受けるほうが好きなタイプ。技術としては基礎も何もなく、来た打球をただ捕って投げるだけだったが、何とか身体能力でカバーしてショートを守り続けることができた。

　高校時代は二遊間を一緒くたにして考えていた部分もあったので、セカンドとショートの違いはあまり分からずに守っていた、というのが正直なところだ。ただ、捕って投げるという守備の基礎的な技術はどのポジションにも共通するものだし、実際に守備の名手には二遊間をどちらもこなせる人も多い。私が中日で長年コンビを組ませてもらったショートの井端弘和さんなどは、最終的に内野の全ポジションを守っている。プロの世界では新戦力としてセカンド専門の選手を獲ってくるケースは少なく、ショートの選手を獲ってきて

セカンドに回すというケースが多いようだが、それもやはり守備の基礎能力が高い選手をショートに置くという傾向にあるからだろう。

▶熊本工時代は甲子園にも出場。2年夏まではセカンドを守っていた

　そう考えると、内野の中でもショートはどこか格上のような印象があるかもしれない。ところが、私にはポジションへのこだわりがまったくなかった。「試合に出られればどこでもいい」と思っていたし、実際にショートとしてプロ入りはしたものの1年目（1996年）は二軍での出場にとどまり、一軍で試合に出られるようになった2年目以降は主に外野を守った。その後もいろいろなポジションを渡り歩き、スイッチヒッターにも挑戦したりして、ようやくセカンドのレギュラーに定着できたのはプロ7年目の2002年。大事なことは、与えられた場所でどうやってチームに貢献するか。ずっとそう考えていたからこそ、ポジションによる格上・格下というのは感じずにいられたのだと思う。

セカンドに定着できたのは、本当にたまたまだった。もともとセカンドを守っていた立浪和義さんがベテランになり、負担の少ないサードへ持っていこうとしたのが当時のチーム方針だったように思う。そこでポジションに空きが生まれ、タイミング良く私が入ることができたわけだ。決して私の実力が一気に伸びたからレギュラーになれたというわけではなく、サードが空いていたらサードになっていたかもしれないし、空きがなければ外野手のまま現役を終えていたかもしれない。

しかしながら、プロ入りしたときから内野守備に対して自信は持っていた。大事にしていたのは1歩目の反応の速さと、打球に素早く追いつくこと。高校時代もそれなりに肩が強くてダッシュ力もあるほうだったので、できるだけ深めに守りながらどんどん前に出ていってアウトにするというスタイルだった。基本練習を積んで形を作っておけば、もしかしたらもっと良くなったのかもしれない。ただ、自分の持ち味であるスピードを生かすという意味では、高校時代から積み重ねてきたものがプロでの守備にもしっかりつながったと思う。

セカンドの落とし穴

★小手先のプレーをしてしまいがち

高校時代に初めてセカンドを守ったとき、1つだけ感じたことがある。「一塁までが近くて投げる距離が短い」ということだ。もともと打球を捕ることには自信があった上に、とりあえずボールを投げてしまえばアウトになるわけで、失礼ながら「なんて楽なポジションなんだ」と感じていた。

しかし、実はこれはセカンドが陥りやすい大きな落とし穴。投げる距離が短くて時間にも余裕があるがゆえに、横着をして小手先だ

けでプレーをしてしまいやすいのだ。特にサードやショートからセカンドに移った場合、最初のうちはしっかりと足を使う癖がついているので、驚くほど簡単にこなすことができる。ところがセカンドに慣れていくうちに、いつの間にか小手先の感覚に頼って送球することが体に染み付くため、途中からどこでボールを離せばいいのか分からなくなってしまう。そうなると今度は一塁までが近くて時間が十分にあることも、逆に「だからこそコントロール良くビシッと投げなきゃいけない」といったプレッシャーに変わる。その結果、しっかりとステップを踏んで投げる感覚がさらに薄れ、悪循環に陥るというわけだ。

　実は私も一時、送球難に悩まされたことがある。たしかプロ12年目あたりだっただろうか。セカンドのレギュラーに定着し、自信を持って守っていた時期に突然、「あれ？　何か感覚がおかしいぞ」と。今思えば、あれはいわゆる"イップス"だったのだろう。1回考え始めたら終わり、気付いたときにはもうドツボにハマっている。

　スローイングのイップスについては後でも詳しく述べるが、イップス経験者として1つ言わせていただくと、「心の問題だ」とか「開き直ればいい」と結論付けるのは違うような気がする。気の持ちようで治る程度のものならば、そもそも簡単に修正できるはず。だが現実にイップスで悩んでいる人は多いわけで、それまで少しずつ積み重ねてきた動きのズレがイップスを招いているのだと思う。
　だとすればもう1回、野球を始めたときと同じくらいのレベルに戻って、ゼロからキャッチボールをスタートしていかなければならない。全身を大きく使う、腕は上から振り下ろす、ヒザを曲げて軸足に体重を乗せたらステップ足をしっかり踏み出して移動させる……。そこまで戻らないといけない。
　特にセカンドというのは足が突っ立った状態から投げても、わりとプレーが成立してしまうポジションだ。逆に言えば、いつでもイ

ップスになる危険性を孕んでいるポジション。だからこそ、セカンドをやる人にまず言いたいのは、しっかりと足を動かしてボールを上から投げ下ろし、全身運動を基本としてプレーしてほしいということ。もちろん、小手先の技術が必要な場面もあるが、そこに頼ることが習慣になると大きな苦労をしてしまう。小手先の技術はあくまでも、困ったときの引き出しの1つ。楽をせず、常にスローイングの基本をきっちりと確認してもらいたい。

　ちなみに落合博満さんが監督だったとき、ショートの井端さんとポジションを入れ替わった時期がある。当時、落合さんからはまず「楽をしている」とひと言。そして、それ以前は捕れるかどうかという打球に対しても最後まで粘って追いかけていたが、経験をもとにした予測から来るものなのか、「あぁ、この打球は無理だな」と早めに判断してあきらめるようになったのだと。そう言われると、「たしかに横着している部分があるな」と思った。本当の理由は定かではないが、新しいポジションに挑戦することでもう一度、必死になって守る。それが二遊間を入れ替わった理由だと私は解釈しているし、やはり慣れというのは怖いものなのだとつくづく感じさせられた。

上手いセカンドとは

★チャンス拡大の芽を摘む

　プロ入りしたときには当然、周りの内野手の技術を見て「これがプロのレベルか」と実感した。セカンドで言うと、チームメートの立浪さんはすごく堅実な守備をするイメージが強かったし、他球団でも巨人の仁志敏久さんや福岡ダイエーにいた井口資仁さん（現千葉ロッテマリーンズ監督）など、上手い選手がたくさんいた。そん

な中でも「上手いなぁ」と感じたのは横浜ベイスターズにいたロバート・ローズ選手。ゲッツーで二塁ベースカバーに入る際、彼はすべてベース上でプレーを完結させていて、しかも動きがとにかく速かった。

　ローズ選手なども含めて、メジャー・リーグのセカンドの動きというのは、一般的な日本人選手とは違った上手さがある。それこそ、二塁ベース上でのピボットプレーなどはすべてその場で済ませ、振り向きざまに一塁へ投げたりもする。またセカンドゴロを処理して送球する際、難しい体勢からそのまま投げることもできてしまう。これらは外国人特有の体の強さがあってこその技術でもあるのだが、「どんな形でもいいからアウトを取る」ということを前提に考えれば、セカンドとしては理想的な動き。日本人選手にもぜひ参考にしてもらいたし、しっかりと全身を使い切ることができれば、決してできないことはないとも思う。

　そういう意味では、セカンドというのはわりと脚力やボディバランスといった身体能力が問われるポジション。アマチュア野球では小柄で非力な選手を置くケースもよく見られるが、体が強くてしっかりと動ける選手を置くことができると、チーム全体の守備がまとまってくると思う。

　今の日本人選手で名前を挙げるとすると、セカンドの守備ではやはり広島の菊池涼介選手になるだろう。彼のすごさはボールに対するスピードと球際の強さ、そしてどんな形からでも投げられるバランス感覚。最初のうちは「身体能力が高いから本来はショートなのかな」と思っていたのだが、あれだけ守備範囲の広いセカンドがいればバッテリーもすごく楽に投げられる。

　たとえば走者がいる状況になると、攻撃側というのはチャンスを拡大するためにも進塁打を考えて右方向を狙ってくる。ところが菊池選手は守備位置が深く、守備範囲も広いから、一・二塁間を抜けていきそうな打球にも追いついてしまう。そうやって攻撃の芽を摘

むシーンは何度も見てきたし、逆にショートに置くと一塁までの送
球をもっと重視しなければならず、いろいろな体勢からでも捕って
すぐ投げられるという彼の持ち味があまり生かせなくなってしまう
かもしれない。そう考えると、彼をセカンドに置いておきたいとい
う方針もうなずける。もしも菊池選手がもっと早い段階で台頭して
いたとしたら、セカンドとして私の名前などはおそらく出なかった
だろう。

　と、セカンドの上手さについて述べてきたが、私の場合は誰かを
お手本にしたとか、参考にしたというものはなかった。もちろん、
ゴロの捕り方や送球の仕方といった基礎の部分は高代延博さん（現
阪神コーチ）ら今までの内野守備コーチに教わったし、ポジショニ
ングの考え方などは試合に出る中でショートの井端さんに教えても
らいながら身につけていった。ただ、プロの世界を見渡しても、実
はセカンド専門で試合に出続けた人というのは意外と少ない。内野
守備コーチにしてもショート出身の人が圧倒的に多く、守備の細か
い部分になると、ショートを長くやってきた人とセカンドを長くや
ってきた人とでは考え方が少し違う部分もあるのだ。したがって、
経験の中で試行錯誤を積み重ねながら、セカンドとしての技術を少
しずつ磨いていったというのが正直なところだ。
　話は少し逸れるが、そもそも野球はポジションによって特性が違
うわけだから、守備コーチというのは本来、投手を除いて8人必要
だと思う。キャッチャーにはキャッチャー、ファーストにはファー
スト、セカンドにはセカンド……といった具合にコーチが就き、そ
れぞれの専門性を磨いていく。それによって、守備力はもっと高め
られるのではないかと思う。私も内野守備コーチとして、二遊間の
選手には経験を踏まえて指導できるが、一・三塁の選手に対しては
技術を教えることはできても、繊細な感覚の部分まで教えることは
できない。だからファーストやサードを長らく守ってきた経験者の
方々にもアドバイスを求め、それを踏まえて指導するようにしている。

セカンドの特性 1 （守備範囲）

★一塁バックアップの意識を持つ

　セカンドの大きな仕事の1つに、一塁のバックアップがある。たとえば三ゴロや遊ゴロが飛んだら、ミスなどに備えて一塁の後方へ向かって走っていく。もちろん、まずは自分の守備範囲にボールが飛んできたときのことを考えなければならないため、瞬間的に打球に反応して三遊間方向へ1歩だけ寄ることはあっても良い。ただやはり、少し遅くなったとしてもそこからグッと体勢を切り返し、バックアップに向かうことは必須だ。

　走者なしでの三ゴロや遊ゴロでは常にこのバックアップをしなければならず、わりと頻度は高い。内野手の中には悪送球や捕球ミスが年に1度あるかないかという選手もいるかもしれないが、それでもいざというときにセカンドが相手の進塁を食い止められなければ意味がない。だから絶対に手を抜かず、意識しなくても動けるように習慣づけておく必要がある。基本的に打球方向に対して動けばいいというわけではなく、常にいろいろな方向への動きが求められる。それがセカンドの難しさだと思う。

　私がショートへコンバートされたとき、最初のほうは本当に苦労した。ずっとセカンドに慣れていたため、三遊間へのゴロが来たときに一瞬、無意識に左側へスタートを切ってしまっていたのだ。どうしてもセカンドのときと同じ視点で打者をとらえてしまい、右側の打球に対しては「はい、ショートゴロ」という感覚。そこから「いやいや、今は自分がショートだ」と思い直して動くものだから、わずかにタイミングが遅れて打者走者をセーフにしてしまうこともあった。セカンドを守るのであれば、それが癖になるくらいまで染み

込ませておきたいものだが、他のポジションに移る際は気をつけなければならない。

とは言え、プロの世界で二遊間をどちらも経験できたことは大きい。

私は守備に就くとき、セカンドとショートで打球を追う範囲とスタートの切り方のイメージを変えていた。ショートの場合、基本的には左右とも少し斜め前の角度の範囲内で打球を追っていかなければ、打者を一塁でアウトにすることはできない。速い打球に関しては別だが、通常の打球を真横に追うイメージを持っていると一塁までの距離が遠く、スローイングの体勢も作りにくくなるからだ。

一方でセカンドの場合、右側（二遊間寄り）の打球に対してはほぼ真横か、ほんの少しだけ斜め前に追うイメージでも間に合う。もちろん、最終的には進行方向と逆向きに切り返して送球しなければならないので、追いすぎることはできないのだが、それでもショートの三遊間寄りのゴロよりは広く守れる。そして左側（一・二塁間寄り）の打球に対しては、自分の体よりもやや斜め後ろに追うイメージ。スローイングの距離が短い分、本当にギリギリまで追っても十分に間に合うのだ。つまり、図Aのように両手を広げてみると分かりやすいが、ショートのときは180度よりも少し狭い範囲内で打球を追い、セカンドのときは180度よりも少し広い範囲内で打球を追う。単純に考えても、セカンドのほうが広い範囲を守ることができると言える。

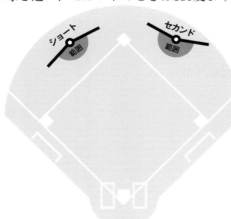

図A
ゴロ打球を追う
守備範囲のイメージ

さらにセカンドを守る際、私がまず気をつけていたのは、前方に転がったボテボテのゴロを内野安打にしないこと。ピッチャーが投げて打球がボテボテッと転がったら、基本的には「よし、アウトだ」と思うはず。そんな安心感を持たせられる存在こそが内野手だと思うし、確実に打ち取った打球でセーフにさせてしまうことほどショックなことはない。したがって、ピッチャーやファーストの守備範囲を超えてきたボテボテの打球に対し、前に出ていってアウトにできる場所、というのが私の守備位置の基準。それを前提とした上で、いかにギリギリまで深く守れるかが勝負だと考えていた。

　ショートの経験を積んだことは、そこにもプラスの効果をもたらしてくれた。先述の通り、ショートというのは打球を真横に追っていたら基本的にはアウトを取れない。それこそ、最初のうちはセカンドへの慣れがあって真横にスタートを切る癖がついていたため、私は「前へ出る」という意識を強く持つようにしていた。すると自然にダッシュ力や瞬発力がついていき、またセカンドに戻ったときには、以前よりも１メートルから２メートル弱ほど後ろへ下がってもしっかり守れるようになっていたのだ。特に一・二塁間の打球に関しては、ほぼライト前ヒットに近いような範囲まで処理できるようになった。

セカンドの特性 2 （動きのリズム）

★打球に対する左右の幅が求められる

　本塁を基準に考えた場合、セカンドとショートは同じような距離に位置している。ただ先ほどの守備範囲のイメージにも通じることだが、プレーに使える時間とスローイングの距離が大きく違う。簡単に言えば、ショートは打球の奥行きとの勝負。いかにスムーズに

打球の軌道へ入り、なおかつ完璧に送球へとつなげて短い時間でプレーを完結させるか。バウンドを1つ待つだけでも、内野安打になるリスクは相当高まってしまう。

　一方でセカンドは、ボテボテのゴロに対してダッシュをする準備さえしておけば、奥行きのことはあまり考える必要がない。最悪、バウンドを1つ待って捕っても間に合うため、前後の幅を利かせることができるのだ。

　たとえば時間に余裕がある場合は、より確実にアウトを取るために1つ待ってでも捕りやすいバウンドに合わせ、送球につなげやすい姿勢で捕球すればいい。ただし、バウンドが読みやすい人工芝のグラウンドであれば問題ないが、土のグラウンドだと突然跳ねたり、方向が変わったりというイレギュラーバウンドも考えられる。それならばむしろ前に出て、できるだけ少ないバウンドで捕ってしまったほうがいい。いずれにしても動き方の選択肢は多く、いろいろな形でアウトが取れる。

　逆にセカンドに求められるのは、打球の左右の幅との勝負だろう。あまりにも広すぎる範囲を守ろうとすると、プレーの質が落ちてセーフにしてしまうことも増えるが、だからと言って狭い範囲しか守れないようでは、そもそもアウトにできる打球が少なくなってしまう。したがって、どの角度で捕りにいけばギリギリ間に合って一塁でアウトにできるのか。自分の中で「この打球はこの位置で捕るとセーフだけど、この位置で捕ればアウトになる」という範囲を見極め、スタートの仕方や打球の追い方などの微妙なさじ加減の感覚を身につけていかなければならない。

　そのためには、練習をこなすだけでは難しい。試合で実際の打球や打者走者と対峙を重ねていき、「この打球でこの打者のスピードならアウトになるな」という感覚、スピード感を肌で覚えていくしかない。ただ幸い、セカンドの場合は時間的な余裕があるので、慣れてくれば打者走者を見ながらプレーすることもできる。私も最初

のうちはただガムシャラに動いていたが、少しずつ正面の範囲内の
ゴロであれば打者走者を視界に入れながら捕球できるようになり、
最終的には「必死に走っているから急ごう」とか「力を抜いて走っ
ているな。慌てずにゆっくりでも大丈夫だ」などと、時間を意識し
てプレーできるようになった。

　そして、「足が速い選手はこれくらい」「普通の選手はこれくらい」
「足が遅い選手はこれくらい」というように、3つくらいは基準を
持っておくと良い。最初のうちは同じように守っておきながら、打
者走者のスピードに合わせてスタートの仕方や打球の追い方を調整
していけば、自分の中での守備範囲が確立され、どんな状況でも自
信を持って守ることができる。ショートは守備位置そのものを前後
に少しずらすことで打者走者のスピードに対応していくしかないが、
時間的余裕が与えられているセカンドは守備位置を動かさずに対応
できるのだ。

★セカンドとショートのプレースタイルの違い

　そういう違いを考えるとやはり、セカンドの動きに合っている人、
ショートの動きに合っている人というのは存在すると思う。
　たとえば井端さんなどは、生粋のショートだと思う。自分の中で
の形とリズムが確立されていて、どんな打球に対してもそこに合わ
せてカチッとプレーできるタイプ。スローイングの強さもあってコン
トロールもブレず、たしか呼吸法なども持っていたはずだ。そし
て本人によると、セカンドを守るときもスローイングにつなげられ
るように捕球し、リズムを大事にしていたそうだ。
　ところが私の場合は正直、リズムなどはあまり関係ない。とにか
く一目散にボールを追いかけて捕り、投げることは捕ったあとに考
えるタイプ。どんな形でも投げられるようにしておいて、アウトに
できればスローイングの質は何でもいいと考えていた。これは、セ

カンドを長く続けてきた人の典型的な考え方だろう。簡単にまとめると、「投げることまで考えて捕るのがショート」であり、「捕ってから投げることを考えるのがセカンド」。そう言えるかもしれない。

　実はこの感覚の違い、プレースタイルに当てはめてみると、今の広島の二遊間の関係性と似ている。セカンドの菊池選手はとにかくガーッと打球を追いかけ、難しい体勢でも投げてアウトにすればいいんだという感覚のプレーに見える。一方、ショートの田中広輔選手はリズム良く捕り、しっかりとステップして常にいい形で投げている。現在のプロ12球団の二遊間を見たとき、最もバランスが良いなと感じるのはやはり広島。完璧なプレーが求められるショートに堅実な田中選手がいるからこそ、セカンドに守備範囲の広い菊池選手を置ける。これはすごくいいバランスであり、振り返れば、私と井端さんという組み合わせもそういうプレースタイルが上手く噛み合っていたのではないかと思う。

◀セカンドは一目散にボールを追いかけて捕り、その状況に応じたスローイングをする対応能力が求められる

セカンドの特性 3（スローイング）

★スローイングの引き出しが必要

　セカンドの特性をもう1つ挙げると、送球の角度だ。最も分かりやすいのは「4－6－3」のゲッツー。体をいったん逆回転させてから送球しなければならず、スムーズにこなせるようになるまでが難しい。

　また一塁送球にしても、たとえばショートと比べると角度は大きく違う。ショートは打球の正面に入って捕った場合、ポンと左側へステップするだけで両肩のラインが自然と一塁側へ向いている。つまり、意識しなくてもテークバックをしっかりと作ることができるため、一定の形で投げやすいと言える。だがセカンドは打球の正面に入って捕った場合、一塁の位置は体の正面のやや左寄りという程度。したがって、ステップしながら両肩のラインをグッと大きく入れ、自分で体の向きを調節しなければならない。このバランスが実は難しく、肩を深く入れすぎたり、逆に浅すぎて小手先で投げてしまったりするのだ。

　セカンドはスローイングの方向がずれやすい。これは野球の構造上、仕方ないことでもある。しっかりと守るためには、捕球したらしっかりとステップする感覚を忘れないこと。そして送球のトップの形を作り、腕を上から振り下ろして投げることが大切だ。

　ただ一塁送球で言えば、セカンドはスローイングに少々ズレが生じても致命傷にはなりにくいという特徴もある。ショートの場合、少しでも送球の方向性がずれると、ファーストが捕るタイミングでは大きなズレとなって悪送球になる。精度の高さを求められるからこそ、ショートの名手たちはみな上からキレイに腕を振り、キレイ

な縦回転でスーッと真っすぐ伸びていくボールを投げている。

　逆にセカンドは一塁までの距離が短く、送球の方向性が少しずれてもファーストが処理できる範囲内に収まってくれるため、ミスは起こりにくい。そして実際に打球までのスピード、あるいは球際のスピードをコンマ何秒でも早くできれば、強い送球ができなくてもアウトにできる。常にステップを踏んでいたらセーフになってしまうこともあり、「どんな形でもいいからとにかく投げてしまえ」という判断が求められるケースも多い。全部が全部、捕球後にしっかりステップして上から腕を振り下ろして投げればいいというわけではないのがセカンド。

◀セカンドはとにかくアウトを取ることを前提として、いろいろなパターンのスローイング技術を身につけなければならない

ときには小手先の技術のほうが必要なときもあるし、サイドスローやアンダースロー、トスやグラブトスなど引き出しもたくさん持っておかなければならないのだ。

★スローイングの基本を忘れずに

　なお、セカンドで経験を重ねるとややサイド気味のスナップスローにも慣れてくるが、そうなるとボールの回転があまりキレイにはならず、下に落ちたり左右に逸れたりすることもある。もちろんアウトにできれば良いのだが、そういうプレーに慣れすぎるとスローイングの感覚そのものが狂ってしまいやすい。先述したように私が苦労したのもその部分であり、ショートに移ったときなどは特にスローイングの確実性と強さが必要になったため、セカンド時代の悪い癖を修正しようと何度もキャッチボールを重ねた。

　また、実は「捕り方や投げ方は何でもいい」と考えてギリギリで捕って投げているときというのは、余裕もなく目いっぱいプレーしているので意外と悪送球をしないもので、逆に打球が体の正面に飛んできて余裕があり、「どう投げようか」と考えていると悪送球になりやすい。だからこそ、正面に入ってステップを踏んで上から投げられる場面であれば、しっかりとそれを実践する習慣を体に染み込ませておくこと。

　打撃フォームにしてもそうだが、動作を端折ると必ずツケが回ってくる。下半身が土台となり、腰が回って胸が張られて肩、ヒジ、手首、指先が走っていく。順番通りに物事を進めていくことが大切なので、特にセカンドを守る選手は事あるごとに見直してもらいたい。

▲セカンドでゴールデングラブ賞を６度受賞。脚力を生かした広い守備範囲と堅実な
技術で、二塁手として NPB の球史に名を残す活躍を見せた

第 2 章

守備の基本と打球処理

基本の確認

★キャッチボールの基本

　第1章でも述べた通り、セカンドには特有の動き方が必要となってくる。そのセカンドの技術や思考をお伝えする前に、まずはキャッチボールと守備に共通する基礎的なチェックポイントを確認しておきたい。これをベースとして、今後を展開していく。

チェックポイント_1
【キャッチボールの構えと捕球】

キャッチボールではまず、グラブの面を相手に見せて構える。そして足を動かしながら送球の軌道に対して体を移動させ、グラブの面で壁を作る。腕を使って捕りにいくのではなく、ボールが勝手に入ってくる感覚があると良い。腕を使って操作するのは、どうしても届かないところへボールが来たとき。したがって、基本的にはヘソの前で捕球することになる。バックハンドの場合も、腰をグッと捻ってヘソの前でボールを捕れるようにする。

【キャッチボールの足の運び】

右側の
ボールに
対して

左側の
ボールに
対して

キャッチボールの捕球時は、ボールに合わせて足を動かしていくことが大事。体の右側にボールが来たら右足、体の左側にボールが来たら左足をスッと出して捕球し、右投げであれば「右→左」のステップで投げていく。相手が投げた瞬間、どこにボールが来るのかを予測して体ごと動いていくと、パッと足を出せるようになってくる。また正面のボールが来たら、最初のうちは左足を前に出して捕球することから始めると良いだろう。そしてボールを捕ったらいったん右足を着き、しっかりと体重を乗せてから左足を出して投げる。本来、右足を前に出して捕ればそのまま「右→左」で投げられるため、余計な動作を減らせてスムーズではあるのだが、最初からそうすると右側にしっかり体重を乗せ切れないまま投げてしまったり、体の面が斜めに向いてしまったりすることもある。なお、体の右側にボールが来たときは、左足を出しながらクロスさせて捕りにいっても構わない。ただし、ボールの軌道に対して背中を向けることになるので、右足を出して体の面を向けるほうが確実だ。

チェックポイント_3
【キャッチボールの握り替え】

チェックポイント_4
【スローイングにおける体の使い方】

ボールをグラブの面で捕ったら足をステップさせている間に右手に持ち替え、縫い目を探しながら握る。どんなときでもパッと握れるように普段から習慣づけておくことが大切で、キャッチボールでは右手をグラブの下あたりに添えておくと良い。なお捕球時はグラブでしっかりつかむのではなく、グラブに当てて勢いを吸収したらパッと離す感覚。そしてグラブの下あたりに右手があれば、落ちてきたボールをつかめるので素早く握り替えることができる。

スローイングでは体を大きく使って投げることを意識する。腰が回って、肩が出て、ヒジや手首が返っていき最後に指先でボールを弾く。この順番通りに進めば、むしろ狙った方向にしかボールは行かない。途中で微調整をしようとして腕だけで操作したりするから、送球のバランスが崩れてしまうのだ。順番通りに体を使うためには、ヒザには少し余裕を持たせておいたほうが良い。ヒザを突っ張って使っていると上体の力に頼ることになり、腰や肩に負担がかかってしまう。

チェックポイント_5
【ボールの握り方 】

ボールの握り方の基本は4シームで、2本の指に縫い目をしっかり掛かるようにすることが大事。親指の位置は人によって感覚が違うので、キャッチボールの中でどのあたりに置けば投げやすいのかを把握すると良いだろう。ただし守備においては常に4シームで握れるとは限らないため、変な握り方でもボールを真っすぐ回転させる感覚はつかんでもらいたい。ポイントは2つある。1つ目はボールの中心を握ること。右投げの場合、ボールの中心よりも右側を握るとスライダー回転になりやすく、相手が捕りにくい送球になってしまうのだ。2つ目はリリース後に小指を上へ向けるイメージを持つこと。そうすれば自然と腕が内旋・回内して、相手に向かって送球が真っすぐ伸びていく。

チェックポイント_6
【スローイングの腕の振り】

一般的には「腕を真っすぐ振ることが大事」と言われるが、ただ真上から叩こうとするだけではスムーズに振ることができない。そもそも体を立てた状態で腕を真っすぐ振り下ろすと、1か所でしかボールを離せずにコントロールも定まりにくい。したがって、真上から叩くのであれば体を少し斜めに傾けてあげること。スローイングを安定させるために重要なのは常にトップの形を通過することであり、ボールと頭の幅がいい状態を作れていればスムーズに腕を振れる。

■ チェックポイント_7
【腕の上げ方】

スローイングでトップの形を意識しすぎると腕を上げた状態で固まってしまい、動きが硬くなってヒジが出にくくなる。トップの形は自分で作ろうとするものではなく、一連の動きの中で勝手に入っていくもの。だから、意識としてはヒジと手首を柔らかくしておいて、「ボールを捕ったところに足を持っていく」くらいの感覚がちょうど良い。ボールをその場に置いておき、体が動き出したら自然にポーンと上がってくる。ボールの移動距離が長いとコントロールするのは難しいので、捕球後にグラブとボールを体の中心に収めながら、ステップする流れで腕が上がっていくのが理想だ。

セカンドゴロに対応する

★バウンドを合わせる

　セカンドゴロというのは投げる距離が短くて時間的にも余裕があるため、アウトにするための方法がいくらでもある。大前提として「試合ではアウトにすれば100点」なので、バウンドが合わなくても捕ってしまえばいいわけだし、捕ろうと思ったバウンドに合わなかったからあえて後ろに下がりながら捕る、というのも良い。また、最終的には形が悪くても泥臭く打球に飛びついて止めてしまえば、そこから先は素早く起き上がって投げるだけで十分にアウトを取れる。打球の軌道に対して体を無理やり入れて止めたとしても、落ちたボールを拾って投げてアウトなら100点だ。

　ただ、だからと言って打球に向かって飛び込むことやその場にヒザを着いて体で止めにいくことなどを最初から考えていると、いつまでたっても守備のリズムは良くならず、プレーの幅も伸びない。いざというときのために引き出しを取っておき、「このまま行くとバウンドが合わない」、「どうしても届かない」などと思ったところで初めてそのプレーを使ってほしいので、まずはできるだけバウンドを合わせる努力をしてもらいたい。

　バウンドというのは、基本的には自分の位置から前後1メートルずつ、つまり2メートルの範囲内で体を動かせば、3つの捕球ポイント（①ボールが上がり切ってから落ちるところ、②ボールが落ちてきて地面に着く直前、③ボールが地面に着いて上がってくるショートバウンド）のいずれかには合わせられるものだ。

　そしてセカンドの場合、ショートよりもバウンドを合わせやすい。ショートは前に出ていきながら"前後2メートルの幅"を使って合わせなければならないが、セカンドであれば時間に余裕があるため、

前に出ていきながら"2メートルの幅"を使ってもいいし、その場でいったん止まって"2メートルの幅"を使ってもいい。「どうしても合わない」と思えばバウンドを1つ待ち、その場で1歩下がって捕るという選択肢も与えられているのだ。

　もちろん、速い打球であればショートもこの選択をすることはあるが、通常のゴロに対して下がるということはない。一方でセカンドは前に出ることをあきらめても、後ろに下がりながら捕ることに切り替えれば問題ない。

　ただし、ここで注意点がある。最初からバウンドを合わせようとしすぎると、1つ余分に待ったり、あるいは後ろに下がって捕るというクセがつき、なかなか前に出られなくなってしまうということだ。特に小・中学生の軟式野球などを見ても、セカンドがバウンドを待ちすぎてセーフになるというケースは多いだろう。まして軟式ボールのゴロは高く弾みやすいため、時間も余計にかかる。したがって、まずは難しいハーフバウンドで捕ってしまっても構わないのでとにかく前に出ること。その中でバウンドを合わせる感覚を養っていけば、少しずつコツをつかめてくる。

　そのためには、打球が自分の近くに来てから判断しているようでは遅い。バットとボールが当たる瞬間をしっかり見ておいて、「前に出て捕りにいこう」と考えるのか、それとも「合わない」と思ってその場でいったん止まったり、少し下がったりするのか、素早く判断する習慣をつけておくことが大切だ。

　これはあくまでも個人的な見解だが、小・中学生のうちに軟式野球を経験することは重要だと私は思う。守備において前に出る力、いわゆる出足の脚力がつきやすいからだ。逆に小さい頃から硬式野球を経験している選手はグラブさばきに慣れているという印象もあるが、小手先の上手さに頼ってしまいやすい部分もある。本当に能力の高い内野手を育てようと思ったら、中学生までは軟式野球で出足の脚力を磨くと良いのではないかと思っている。

ゴロ捕球の"基本の形"

★右足の上に重心を落とす

　繰り返しになるが、守備というのはまずアウトにすれば100点。したがって試合になったら何も考えず、とにかく飛んできた打球を処理して一塁でアウトにすることに集中してほしい。その中でプレーの質がどうだったのかを振り返り、より良い形が自然と出てくるようになるまでクセをつけていくのが練習。試合でも「こういう形で捕ろう」などと意識して固まってしまう人はわりと多いが、形というのはあくまでも練習で突き詰めていくものなので、割り切って考えてもらいたい。

　そしてプレーの質を上げるためには当然ながら、普段の反復練習が大切だ。1本でも多くノックを受け、同じ動きを何度も繰り返すことで"基本の形"が体に染み込んでくる。これを徹底していけば、あとは前後左右に大きく振られた打球や処理の難しい跳ね方をした打球などに対しても、何とか反応できるようになってくる。

　では、練習でしっかりと身につけておきたい"基本の形"とはどういうものか。私が現役時代を通して辿り着いたポイントは、頭の位置を体の中心に置いたまま重心がぶれないようにすることだ。

　そのためには、右投げの内野手で言うと、ボールを捕るときに右側に体重が残っているかどうか。そもそも守備に限らず野球の動きというのは、力を伝える方向に対して頭や上体が突っ込んだ時点でバランスが崩れてしまうもの。内野守備の一塁送球の場合は捕球後に左側へ送球するため、頭が左側へ突っ込まないように注意しなければならない。もちろん、打球が左側に飛んできて捕れるかどうかというギリギリの状況であれば、左側に頭が突っ込んでしまうのは

仕方ないだろう。ただ打球の正面に体を入れて捕れる場合は、正面に入って体の中心で捕球すること。そして、体の右側に体重を残したまま送球へとつなげたい。

　だからこそ、まず捕球姿勢では右足の上で重心を落とすという感覚を持つと良い。体の右側の軸を中心に動き、体重の乗せ方としては「右足：左足」が「７：３」や「８：２」くらいのイメージ。また、捕球姿勢をただ固めればいいわけではないので、練習ではボールを手で転がしてもらったり、ノックを打ってもらったりして、打球への入り方も同時に反復していくことが大事だ。

　さらに捕球後にはステップをしていくわけだが、ここで頭の下にスッと右足を入れられるかどうか。送球時は右足から左足への体重移動が必要だが、捕球後のステップで完全に左足へ体重を移してしまうと、右足にもう１回体重を戻さなければならず、体がブレてしまいやすいのだ。頭や上体が左側へ動いたらそれを支える下半身も左側へと動き、常に頭の下に右足がある状態を作ることが重要。相撲のすり足のように右足を動かすことがポイントで、常に右側に体重を残したままスススッと移動していくイメージだ。この足の使い方ができると、ゴロ捕球から送球までの流れは非常にスムーズになる。

【バウンドが合わないときの対応】

下がって捕る

ゴロ捕球で狙うバウンドは、ボールが落ちてきて地面に着く直前、地面に着いた直後のショートバウンド、ボールが上がり切ってから落ちる瞬間の3つ。特に前の2つを狙っていくと捕球姿勢も低く取れるので、プレーが安定しやすい。そして、自分の体から前後1メートルずつの幅で足を動かすことができれば、基本的にはどこかのバウンドに合うもの。それでも「このま

【軸足を頭の下に入れるステップの練習】

常に右側へ体重を残す

守備と打撃の比較

右側に体重を残したまま左側へステップするのは守備も打撃も同じ形だ。

・守備の構え   ・打撃の構え

体で止める

ま進んだらバウンドが合わない」と思ったときには、さらに前に出てパーンとグラブを出して捕るか、もしくは右足を起点にして1歩下がって捕ればいい。さらに最悪の場合、セカンドには何とか体で止めてボールを近くに落とし、拾って投げるという手段もある。

守備では右足を軸に考え、捕球後も右側に力を残した状態でステップすること。上体が左側に突っ込むとスムーズな動作ができなくなるので、体重が真ん中に移ったと思ったらすぐ軸足（右足）を頭に下にサッと入れていき、体の軸がぶれないようにもう一度捕球姿勢を作る。これを繰り返す。

走塁のリードオフ

走塁の一塁リードオフでは逆に左足を軸に考え、左側へ体重を残して常に帰塁できる状態を作りながら、体重が真ん中に移ったと思ったらすぐ軸足（左足）を頭の下に入れていく。これもまた軸足を頭の下に入れるステップだ。

　プロの場合だとある程度はみな"基本の形"ができていて感覚も分かっているものだが、それでもやはり徹底し切れていないケースは多く、打球によって捕り方が少しずれてしまうことがある。プロの中でも本当に上手い選手というのは、"基本の形"が染み付いている。だからどんな打球に対しても一定の距離、一定のリズムで捕れるのだ。

　余談になるが、軸足側に力を残しておくというのは他のプレーでも同じだ。たとえば守備の捕球姿勢から上体を起こし、両手をくっつけて左足のつま先を地面に着ければ、ステップしながらボールを待つときの打撃フォームになる。また、走塁でも考え方は同じ。一塁走者のリードオフでは左側（一塁側）に体重を置き、右足を右側（二塁側）に出したらまたスッと左足を体の下に入れて距離を取っていくのが理想。打球によって先へ進むかその場に止まるか戻るか、判断を問われるのが走塁。だが進行方向に頭が突っ込んでしまうと進むしかないため、打球によって適切な判断ができなくなってしまうのだ。

体の正面で捕る

★打球の方向へヘソを向ける

　野球の現場ではよく「正面で捕れ」という声を聞くが、「正面」という言葉を勘違いしているケースも少なくないと思う。

　まず前提としてゴロ捕球の理想というのは、両足を左右に開いて腰を落とし、体の中心の延長線上に両手を伸ばして、両足と両手で作られた三角形の頂点でボールを捕ること。

【捕球するのは三角形の頂点】

体の正面での捕球

捕球のイメージとしては、両足と両腕で作った三角形の頂点でボールを捕ること。ただ、腕が伸び切っていると捕り幅が狭くなって微調整が利かなくなるので、ヒジには少しゆとりを持たせると良い。

グラブ側の手首には力を入れず、自然な角度で打球の軌道にグラブの面を向けていく。最初は寝かせておいて、ボールが来たタイミングで少し手首を出すようにして壁を作る感覚がちょうど良い。

　そして打球の軌道の正面に入れなかった場合でも、ただグラブ側の腕を伸ばして捕るだけではなく、体の面もそこへ必ず向けることが大切。つまり体の真ん中で捕ることが基本であり、ボールの方向にヘソを向けることが「体の正面で捕る」ということだ。たとえ打球の軌道の正面に入れたとしても、体の正面で捕れていなければプレーの確実性は低くなってしまう。逆に体の正面で捕る感覚さえ覚えてしまえば、あとは打球に応じて体の面を右へ向けるか、真っすぐ向けるか、左へ向けるかの違いだけ。自分の右側に来た打球に対しては、体を無理やり打球の正面に入れてフォアハンドで捕りにいくだけでなく、体を右側へ向けたままバックハンドで捕ることだってできる。また自分の左側に来た打球、たとえば一・二塁間の深い位置に飛んだセカンドゴロにしても、ライトのファウルゾーン方向へ体の面を向けながら捕れるので、確実に捕れる打球の幅は広がる。

【ヘソの前が体の正面】

左側の捕球

右投げの場合、ゴロを捕る際は右足側を軸として左足で微調整をする。それでも打球の軌道の正面に入れなかったりバウンドが合わなかったりすることもあるが、ここで大事なのはボールに対して腕だけを伸ばすのではなく、体の面もボールに向けてあげること。フォアハンドでもバックハンドでも、あるいは片足を前に出したり後ろに引いたりするにしても、常に体を向けて正面(ヘソの前)で捕ってあげれば、バランスよく安定した動きができる。

左側後ろの捕球

右側のバックハンド捕球

　さらに「左足の前で捕れ」という声もよく聞くが、打球を捕るのはあくまでも正面。ただ右投げの場合は左手に着けたグラブで捕る上、一塁送球のケースだと左側に投げるために足を運んでいくため、真ん中で捕ろうとしても捕球のポイントが少し左足側に寄るというだけの話だ。何も意識しなくても左足は少し前に出るものであって、わざわざ左足の前で捕ろうと意識すると逆にスムーズな動きができなくなってしまう。むしろ、捕球姿勢に入るときは左足をパッと真横に開くくらいの感覚がちょうど良く、右足に重心を残したまま上体を落としていきやすい。

★打球に対して右側から少しふくらんで入る

　正しい捕球姿勢を作るための練習としては、まずは手でボールを転がしてもらい、打球に対して右側から少しふくらんで入る練習をするのが良いと思う。と言うのも、打球の軌道に対して最短で真っすぐ向かうのも決して悪くはないのだが、それだと捕球姿勢を作るときにもパッと右足→左足の順番で着地してしまい、右足に乗せたまま落とす感覚が得にくい。右足を置いて「さぁ、捕ろう」というタイミングになると、左足にズドンと体重を乗せてしまいやすく、頭も体も進行方向に突っ込んでしまうのだ。

　一方、左側に投げることも踏まえて右側から入っていった場合、少しふくらんでいる分だけ、右足を着いてから左足を真横へ開くまでに時間が生まれるため、右足に体重を乗せながら捕球姿勢を作りやすい。しかも、少し横から打球を見ることで距離感がつかめるので、バウンドも合わせやすくなる。そうやってまずは体の使い方を覚えていき、経験を重ねてレベルが上がっていく中でムダを省いていけば、最終的には打球の軌道から体を少しだけ横にずらす程度でもバランス良く捕れるようになる。

　ただ、捕球後のステップには注意が必要。右側から左側へと足を運ぶ勢いだけに任せてしまうと、左足に体重がすべて乗って頭が突っ込んでしまう。前にも説明した通り、捕球後は上体が左側へ移動するのとともにスッと右足を頭の下に入れ、右側に体重を乗せた状態で送球に移っていくことが大切だ。

【打球の軌道への入り方】

○打球に対して右側から少しふくらんで入る

○右足重心でバウンドの感がつか

×打球に対して真っすぐ最短距離で入る

×上体が突っ込んでい

バウンドの合わせ方

★基本的には片手で捕る意識で前に出ていく

　セカンドゴロは、アウトにできるのであればどんな捕り方をしてもいい。ただ、バウンドを合わせたほうがリズムは良くなるので、

打球の軌道に対して右側から少しふくらんで入ると、バウンドの距離感をつかめる上に、右足を着いてから左足を開くまでの時間が生まれるため、捕球姿勢を作るときには右足に体重を落としやすい。逆に真っすぐ最短距離で打球の軌道に入るのも悪くはないのだが、右足→左足の順番で足を開いたときにどうしても上体が左側へ突っ込みやすく、送球に移るまでにもう1回右側へ体重を戻さなければならないため、体がブレてしまう。

できるだけ合わせられるように努力はしたいものだ。そして、先述したようにまずは打球に合わせようとするのではなく、前に出ていくことが大事。もっと言うと、基本的には片手で捕ることを前提にして打球を追いかけていき、バウンドが合ったときになって初めて股を割り、腰を落として両手で捕る。そういう感覚でいると、バウンドを合わせやすい。

　最初から股を割った形をイメージしながら打球を追うと、常に打球に合わせようとする癖がつくため、ボテボテのゴロに対するダッ

シュが遅くなる。また、どうしてもバウンドが合わないときには最
終手段として片手でグラブを前に出したり後ろに引いたりして対処
するものだが、両足を開くことを前提にしているとその動きが硬く
なってしまいやすい。逆に、走りながら片手で捕ることを前提にし
ておけば、勢いをつけて前に出ることができるし、バウンドが合わ
なくても片手を柔らかく使って対処することができるのだ。

【バウンドを合わせるポイント1】

走りながらまずは片手で捕りに行く

両足を開いて捕ることを前提にしてバウンドを合わせようとすると、常に両手で構えてし
まって足が動かしにくくなり、前に出られなくなりがち。したがって、まずは走りながら片
手で捕ることを前提として打球を追いかけると良い。バウンドが合わなければそのまま片手
で捕りにいき、バウンドが合ったときには股を割って両手で捕る。そうすれば、打球に対し
て常に足を使うことができる。

外野手がバックホームをする際、片手で捕ることを前提にして前へ突っ込みながら打球との距離を縮めていくが、その基本は内野手も同じだ。できるだけ前へ出ていき、少ないバウンドで打球を捕って一塁へ投げる。その中で「このまま進んで股を割ればちょうどいい」、あるいは「ここから股を割ると合わないからそのまま進んで片手で捕ろう」とか「前に行ったら合わないから1つバウンドを待って対応しよう」などと判断すればいい。

　そもそも高く弾んだゴロやボテボテのゴロの場合、バウンドが合うか合わないかに関わらず、前へ出ていかなければ間に合わない。特にセカンドはそういう打球が来るケースも多いので、打者走者の脚力も頭に入れながら、いつでも前に出られる準備をしておかなければならない。

　ただし、前へ出ることばかり意識していると、速い打球が来たら抜かれてしまう。だから、実際に守るときは一番速い打球をイメージしておくと良い。速い球を待ちながら遅い球に対応するというのは、打撃の基本的な待ち方と同じ。その打者が会心の当たりを放ったときの打球を想定しつつ、「それ以外の打球だったら基本的には前へ出る」という練習をしておくと、非常に動きやすくなる。

★捕球姿勢は左足を着く位置で微調整

　さて、股を割って捕る場合だが、ポイントは足の運び方だ。基本は打球の軌道に入って右足→左足という流れで捕ること。さらにそのタイミングが重要で、右足を早めに着けておいて左足を出しながら打球に合わせて捕ろうとすると、左足の出し方がバラバラになって捕球後のリズムが一定にならない。また、最終的には左足にズドンと体重を乗せて頭も突っ込んでしまいがちなので、イレギュラーバウンドなどの変化に対応できない。

　したがって打球を追うときも捕球姿勢と同様、やはり右足重視。ゴロが転がったら捕るバウンドを見極めつつ、最終的に右足を置く

場所をイメージしながら打球の軌道に入っていく。右足を持っていくことで打球に体を合わせていき、「あとは左足を広げるだけで捕球姿勢が作れる」という状態にしておくのだ。そうすれば右足→左足のリズムが一定になり、捕球から送球までの流れが安定する。さらにイレギュラーバウンドになったとしても、ここで初めて左足の出し方と体の面の向きを調節すれば、右足に重心を残したまま粘って捕ることができる。

　だからこそ捕球姿勢に入る直前、最後の右足の入れ方が重要であり、1歩ずつ進んでいたところを半歩に縮めたり、小刻みに足を踏んだりといった微調整が問われる。これはもう何度も何度もノック

【バウンドを合わせるポイント2】
○右足を合わせて捕球姿勢に入る
×捕球姿勢を作ってから左足で合わせる

を受けて、「この打球のファーストバウンドがそこに落ちたのなら、自分が捕るところはだいたいこの辺だろうな」といった感覚を染み込ませていくしかない。

そして右足を打球に合わせていくためには当然、準備を早くすることが不可欠だ。イメージとしては「自分からボールを捕りにいく」のではなく、「捕るべき場所へ移動したら捕球姿勢を作って待っておき、最後はボールが勝手に入ってきてくれる」という感覚。左足重視だと打球と衝突してしまうが、右足重視であれば体重をしっかり残せるので、打球の勢いを吸収できる。ここでもやはり、右側の軸が大事になるわけだ。

重要なのは捕球姿勢に入る直前の右足。打球が来たら「そこにいればボールが勝手に入ってくる」という場所を見極め、その位置にタイミングよく右足を合わせていく。あとは左足を開いて捕球姿勢を作り、ボールが入ってくるのを待つだけ。そうすれば捕球から送球までのリズムは一定になる。そして打球がずれたときになって初めて、最終手段として腕を使って捕りにいけばいい。

捕球姿勢に入る際、早めに右足を着いて左足を出しながらタイミングを合わせて捕球しようとすると、捕球から送球までのリズムが一定にならず、ボールを腕で捕りにいく形にもなりやすい。これだと上体に頼った動きになり、ちょっとしたズレにも対応できない。

守備の構えとスタート

★ "動" から "動"

　ゴロ捕球は基本的に打球を吸収するイメージ。だから私の現役時代で言うと、構えにおいて上体の力感はほとんどなく、足にやや力が入っていて足裏全体で少し体重を感じている程度だった。つま先体重だと後ろへ動きにくくなるので、足の真ん中に軽く体重を落と

【守備の構えとスタート】

右へスタート

左へスタート

すような感覚。どちらかと言えば右足の意識が強く、実際に打球を追うときも力の配分は右足のほうが少し強いかもしれない。

　構え方は人それぞれで良いと思うが、自分にとって最も素早く動ける体勢であることが大切だ。基本的には低すぎるとスピードに乗れないので、両足を肩幅よりもやや広めに開いて少しヒザを曲げるくらいがちょうど良いだろう。反復横跳びのスタートをイメージしてもらえると分かりやすい。

　スタートの切り方も人それぞれで良い。インパクトに合わせてポンッと跳ねる人もいれば、歩きながら自然にスッと構える人もいる。ただ、いずれにしても大事なのは、体のどこかが動いている中でス

スムーズにスタートを切るための準備としては、まずはリラックスして立っておいて、ピッチャーが投球動作に入ったところで構えに入る。肩幅よりもやや広めに足を開き、中腰気味でどちらにも動かせる状態。そして、ススススッと前に出ながら打者のインパクトに合わせて足を動かし、「"動"から"動"」でスタートを切っていく。そしてポイントは打者のインパクトに合わせながら最後に細かく足踏みをし、打球が来たほうと逆の足を着いて地面を蹴っていくこと。右側に打球が来た場合は左足、左側に打球が来た場合は右足でパッと蹴り、クロスさせていくことで力強く動き出せる。

タートを迎えること。完全にピタッと止まった状態からスタートを
切ろうとする人もいるが、「"静"から"動"」ではスムーズに動け
ない。打球に素早く対応するためにも「"動"から"動"」であるこ
とが必要だ。

　ちなみに私の場合は最初の構えがわりと高く、足でタイミングを
計って前にススススッと歩いていきながら打者のインパクトに合わせ
ていく。スタートを切る直前には進行方向と逆の足で地面を蹴って
いた。左側へ動く場合は右足を着いて右側へ蹴り、右側へ動く場合
は左足を着いて左側へ蹴る。投球が打者の手前1メートルくらいに
進んだところでこういった足の運びをすることにより、打球に対し
て素早く反応できるのだ。
　また、もちろん進む方向は打者のスイングやタイミングも見て判
断するわけだが、自分の予測とは逆方向に打球が飛んだ場合にはパ
パッと切り返せるようにもしていた。最初の構えが高いと捕球姿勢
に入るときに体がブレるようなイメージを持たれるかもしれないが、
そうなるのは準備が遅くて打球に差し込まれてしまうから。始動を
早くしておけば急に高くなったり低くなったりすることはないので、
スムーズに捕球姿勢に入っていくことができる。

★足を動かしてグラブに打球を入れる

　先ほど「上体の力感はほとんどない」と言ったが、とにかく脱力
をして両腕を軽くダラッと下に垂らしておくと、腕を柔らかく使え
るのでグラブさばきが良くなる。そもそも、外野手であれば長い距
離を追うために腕をしっかり振ることはあるかもしれないが、上手
い内野手というのはそういう追い方をしないもの。腕を振ろうとし
たら上体に力が入ってしまうし、腰より上にグラブがあると捕球姿
勢を作るときに腕を大きく動かして下へ落とさなければならず、自
然な形で捕ることができない。

しかし、打球を追う時点でグラブを自然と開いた状態のままダラッと下に垂らしておいて、足を使って打球のところまで移動すれば、あとは腰を落として捕球姿勢に入るだけでグラブもサッと柔らかく下ろすことができて、ボールのバウンドの下にグラブを入れた状態で捕ることができるのだ。

【打球の追い方】

○両腕が低い位置

×両腕が腰より高い

グラブが腰よりも上にある状態で打球を追うと、捕球姿勢に入るときにグラブ側の腕を大きく落とさなければならない。そのタイミングがずれると打球に差し込まれることもあるだけでなく、グラブを落としたときにちょうどイレギュラーバウンドをした場合は反応できなくなってしまう。したがって、打球を追う段階では両腕を低い位置に下げ、脱力してグラブを開いておきたい。その状態で足を動かせるようにしておけば、いつでもスムーズに捕球姿勢に入ることができる。

　グラブを動かさずに足だけで捕りにいくというのは、キャッチボールでも同じ。上体には力を入れず、構えた両腕の状態をキープしながら相手の送球の軌道に入り、グラブの面を当てて勢いを吸収するのが理想だ。腕で操作しようとすると自らボールを追いかけて捕ることが増え、ちょっとした変化に対応できない。キャッチボールの捕球にしてもゴロ捕球にしても、腕で操作するのはどうしようもないときの最終手段。いざというときに自由自在に動かせるようにするためにも、上体はできるだけ自然に脱力しておくのが良い。

捕球姿勢とグラブの角度

★腰の位置はグラブが地面に着けばOK

　捕球姿勢については腰を落として低く構えるのが良いというイメージを抱かれがちだが、ただ単に低いだけで腰の落とし方を間違っているケースも多い。腰が高いかどうかの判断基準は、グラブが地面の位置まで下りているかどうか。

　海外の選手や日本人でも大型内野手などは一見すると腰高に思われやすいが、グラブを地面に着けた状態で足をしっかりと動かせるのであればまったく問題ないのだ。少年野球などには両足の幅が狭すぎて腰を落とせない選手もよくいると思うが、その場合は準備を早くすること。足を開く時間が十分にないから腰が引けてしまうのであって、早めに捕球姿勢を作って待って捕るというタイミングさえつかめば大丈夫だ。

　むしろスピードとパワーを兼ね備えたプレーをするためには、姿勢が低すぎたらダメ。ヒザを深く曲げてお尻が後ろに落ち、太ももの前面が張るような形ではカカト重心になってしまい、捕球後の動きがスムーズにならない。目指してほしいのは正しいスクワットの形。ヒザを曲げて腰を落としたら上体をやや前に倒し、太ももの後

ろ面（ハムストリングス）が張るような形が良い。これならば足の
ちょうど真ん中あたりに重心があり、捕球時にはつま先に体重を乗
せていきやすいので、その後のスローイングにもスムーズに移れる。
さらにお尻側が伸びる感覚があるからこそ、捕球後のステップでも
ポーンと跳ねることができてプレーにスピードが生まれる。

　なお、プレーのスピードを突き詰めていくのは上級者向け。まず
はゆっくりで構わないので、正しい捕球姿勢で入れるように練習し
ていくと良い。その形が身についてから少しずつ動きを速くしてい
けば、段階を踏んで技術が向上していく。上手い選手のプレーを採
り入れるのは良いことだが、見た目だけをマネしてもバランスが崩
れてしまいやすいので注意したいところだ。

【捕球姿勢】

横

人が乗っても崩れない形

正面

○ 正しい捕球姿勢はスクワットと同じ要領で両足を広げて腰を落としたら、上体を少し前に倒して重心を足の真ん中に置く。ヒザはつま先よりも前に出ず、太ももの裏面（ハムストリングス）が伸びる感覚。一見すると腰高に見えるかもしれないが、これならば土台が安定するため、上から人に乗られてもしっかりと支えられる。

横

正面

✕ 逆に悪い例としては、ただ腰が低いだけでお尻が後ろに落ちた形。これだと足のカカト側に重心が掛かり、ヒザがつま先よりも前に出て太ももの前面が張る。指導者から「腰を落とせ」と言われた結果、この形になってしまう選手は多いが、土台が安定せず、上から人に乗られるとすぐに崩れてしまう。

★グラブの角度は捕球ポイントによって変わる

グラブの角度についても説明しよう。よく「グラブを立てろ」とか「グラブの面をしっかり見せろ」といったアドバイスを耳にするが、これらを意識的に行おうとするとどうしても違和感が出てしまうし、手首を無理やり曲げることで窮屈にもなる。

理想は、自然な角度でヒジや手首を柔らかく使えるようにしておくこと。要はボールの軌道に対してグラブが壁になっていればいいのであって、まずはグラブを寝かせておいて、捕るときに少し手首を出すようにしてグラブの面をポンッと当ててあげるくらいの感覚で良いと思う。

そもそもグラブの「立てすぎ」や「寝かせすぎ」はボールの入射角に対してのものであり、グラブの角度というのは打球の質や捕球するポイントによって変えなければならない（図B参照）。たとえば、まったく弾むことなく前からコロコロと転がってきた場合は垂直に近い形でグラブを立てる必要があるし、ほぼ真上から落ちてくるフライのような打球であれば水平に近い形でグラブを寝かせる必要がある。また、ボールが地面に着く直前のタイミングで捕ろうと思えばグラブは寝ることになるし、ショートバウンドで捕ろうと思えばグラブを少し立てることになるのだ。ちなみに私は3つある捕球ポイントの中でも、できるだけボールが地面に着く直前のタイミングを目掛けていた。そうすると一番低い位置で捕ることになり、捕球姿勢で最もお尻やハムストリングスが伸びてくれるからだ。したがってグラブもわりと寝かせるイメージを持っており、そこから打球がグラブに入ってくる角度に合わせて面の向きを調節していた。

図B　3つの捕球ポイント

それぞれの捕球ポイントで、グラブの捕球面の角度が変わってくる。

そう考えると、手首の角度には決して正解があるわけではない。だからこそ数多くノックを受けていろいろな打球の違い、あるいは同じ打球でもバウンドの違いを感じ、ボールにグラブの面が当たる感覚を養っていくことが大切になる。

前方のセカンドゴロ

★ランニングスロー

守備の際、セカンドが必ず頭に入れておかなければならないのは、前方に転がったボテボテのゴロだ。この場合、打球に対して右側からふくらんで入ろうとすると時間がかかってセーフになる可能性も高まってしまうので、「前に出る」と決めたら打球までの最短距離で直線的に入っていく。

余裕があれば股を割って捕球し、しっかりとステップして投げれば良い。ただし、勢い良くダッシュしている分、打球に合わせて止まろうとしてもそのまま頭が突っ込んでしまいやすい。だから1歩ずつ大股で動くだけでなく、半歩や1／3歩などの細かい足の使い方もできるようにしておくこと。打球の近くで小刻みにパパパッと足を踏んで距離を調整すれば、しっかりと止まって送球のステップにもつなげることができる。

一方、余裕がないときにはランニングスローの技術も求められる。セカンドが前に出ていった位置から一塁へ投げるとなると、角度はかなり急。しかも前にダッシュしている中で、そのまま左側へ投げるというのはすごく難しい。したがって、ボールを捕ったら上体をパッと一塁方向へ開くこと。この動作ができれば左側へスムーズに投げられるので、打球に対してスピードを緩めずに突っ込むことができる。基本的には足を合わせている余裕がない状況のため、とに

かく突っ込んでいって打球を捕ることが先決なのだが、それでもできれば左足を前に出したタイミングで捕りたい。そうすれば次に右足が前へ出ていくので、上体を左側へ向けやすい。左足の前でボールを捕ったらパッと握り替え、次の1歩で右足に体重を乗せて投げる。この感覚を体に染み込ませるとランニングスローはやりやすくなり、ダッシュをしながらでも自然と足を調整できるようになる。

【前方のセカンドゴロの処理】

前方へダッシュしながらスロー

セカンドは一塁ベースに近いため、ボテボテのゴロで時間がない場合は、体勢を立て直さずにスピード重視で投げてしまっても構わない。前に出て捕球したら上体を起こさず、傾けたままの角度で左側へ投げていく。このときに注意したいのは、自分が前に進んでいる分だけ送球が右側にずれるということ。だから、ファーストの右肩よりも少し左側あたりを目掛けて投げるとちょうど良い。また、できれば左足を前にして捕れるようだと、次の右足を出したタイミングで上体を左側へ向けられるので投げやすくなる。スピードが緩まないように、投げ終わったあともそのまま走り続けるイメージを持っておくことも大切だ。なお、やや二遊間寄りに転がってきた場合は、送球の距離が長くなる。ポイントはしっかりと方向を切り返せるかどうか。そして1バウンドでも2バウンドでも3バウンド送球でもいいので、一塁までのラインだけはずれないようにすることが重要だ。

なお、セカンドは一塁ベースに近いので、キレイに握り替えられなくても構わない。むしろ、どんな握り方でも素早く投げて、なおかつある程度のところへコントロールできる感覚を持っていなければならない。2007年の日本シリーズ第5戦、先発の山井大介と抑えの岩瀬仁紀さんの完全試合リレーで日本一を決めた試合では、最後の打球が私のところへ飛んできた。少し引っ掛けたような前方へのセカンドゴロ。このプレー、実はちゃんとボールを握れていなかったため、私は心の中で「ヤバイッ」と思いながら送球をしていた。今思えば、おそらく野球人生で一番と言っていいほど緊張した瞬間だったのではないか。

　ただ、普段のキャッチボールやノックなどからどんな握り方でも投げられるように感覚を磨いていたし、雨の日などに滑らないようにしっかり縫い目を探すクセもつけていた。そして最低限、一塁までのラインだけはずらさずに低い送球を投げれば、あとはファーストがカバーしてくれるという意識も常にあった。その習慣が体に染み込んでいたからこそ、アウトを取れたのではないかと思う。

【高いバウンドの処理】

シングルハンドで前に詰める

セカンドには前方へ高いバウンドのゴロもわりと飛んできやすい。時間に余裕がある場合は1つバウンドを待って捕ってもいいが、基本的には前に出なければ間に合わない。捕りにくいハーフバウンドになってしまっても構わないので、まずはとにかく前へ鋭く出ていくことが大事になるだろう。足を合わせようとする必要はないが、できれば左足を前にして捕れるとステップがしやすくなる。バウンドが合わなかった場合はグラブをパーンと出し、勘を頼りに捕るしかない。ただ、勘というのは経験値から来るものだ。普段の練習から「だいたいこの辺」という感覚でグラブを出してみて、「ちゃんと捕れた」「ダメだった」という経験を繰り返すことで、少しずつコツをつかんでくる。

一・二塁間寄りのセカンドゴロ

★右側重心のボディバランスが重要

　第1章でも説明した通り、セカンドは一・二塁間寄りのゴロに対してより深くまで追うことができる。したがって、まずは打球が速いか遅いかをもとにして捕る場所をイメージし、左斜め前なのか左の真横なのか左斜め後ろなのか、スタートの切り方を決めることが大切だ。

　一・二塁間寄りのゴロは常に右側から打球を見ることができるので、バウンドは合わせやすい。私は現役時代、基本的に二遊間寄りに守備位置を取ることが多かったが、それは「一・二塁間のゴロはわりと楽」というイメージがあったからだ。スタートの切り方が分からなければ、最初のうちは真横にスタートしてバウンドを合わせる感覚をつかんでおく。そこから「ボテボテで前に詰められる」と思えば左前、「このままだとバウンドが合わずに差し込まれる」と思えば左後ろへ動いていくと、調節できるようになっていく。

　送球の仕方は大きく分けて2種類ある。左側へ進みながら体を右側へいったん切り返して一塁へ投げるか、それとも左側へ進んだ勢いを利用してパッと回転して一塁へ投げるか。1つの基準としては、自分のヘソの向きが左前から真横までの範囲内であれば体を切り返して投げることができ、それよりも後ろにヘソを向けながら打球を追いかける場合は回転したほうがいい、と考えておくと良いだろう。

　体を右側へ切り返して投げる場合、ファーストを目掛けてそのまま送球すると、自分が左側へ動いている分だけボールも左側へずれていくもの。だから、ファーストの位置よりも少し右側に投げるくらいの感覚でちょうど良い。動きながらボールを狙ったところへ投げること、特に真横へ動きながら前方へ投げるというのは非常に難しいので、普段から練習を重ねて感覚をつかんでおくことが大事。

まずは近い場所からボールをコロコロと転がしてもらって、体の使い方を身につけていきたい。

　プロのレベルで言うと体が完全に左側へ流れていながらも、最後にスナップだけを利かせて上手く送球しているように見えるシーンがよくある。これは小手先だけの技術に思われるかもしれないが、実は最も重要なのはボディバランスであり、できるだけ右側重心の意識を持てるかどうかがカギとなる。もちろん左側へ走っていくわけだから、右側にしっかりと体重を乗せておくのは無理がある。ただ、ボールを捕って握り替えたときに体の右側へ少しでも重心を移せていれば、「右→左」という体の使い方で送球にもある程度の力を伝えることができる。たとえ腕を伸ばしてギリギリのところで捕ったとしても、投げるときには体の右側に少し力を残していなければならない。普段から右側重心の感覚を重視する理由は、ここにもあるのだ。

★回転スローはキャッチャーがバックアップ

　一方で回転スローをする場合だが、打球に合わせてタイミングよく回転しながら腕を振らなければならないので、これもまた難しい。特に悩ましいのは、リリースポイントのイメージだろう。技術的なポイントはただ1つ。回転したら必ず、自分が思っているよりも早めにボールを離してあげること。足を止めているときと同じ感覚でリリースすると、ボールを持ちすぎて引っ掛けてしまう。体が回っている勢いもボールに乗っかることを考え、早めに離してあげることが大切なのだ。さらに、動きのスピードが出ているときの回転スローとあまりスピードが出ていないときの回転スローでも、微妙に感覚が変わる。これもやはり、練習を何度も重ねて感覚をつかんでいくしかない。
　また回転スローが難しいのは、捕ってからいったん目を切るとこ

ろにもある。特にセカンドは回りながら投げることも多いポジションなので、空間を認知する能力も必要だ。守備位置から動いたときに自分がどの辺りにいて、一塁ベースはどの辺りにあるのか。その位置関係を常にイメージできていれば、振り向いたときには「だいたいこの方向に投げれば大丈夫だな」という感覚も分かってくる。

　1つ幸いなのは、走者なしで一・二塁間にゴロが転がった場合、セカンドが捕って投げるときには一塁ベースの後ろでキャッチャーがバックアップをしてくれているということ。回転スローが必要な状況というのは一・二塁間を抜けそうな打球であり、そもそもヒットなのだからアウトにできなくても仕方ない。そしてバックアップ

【一・二塁間寄りのゴロの処理】

ステップしてスロー

回転スロー

一・二塁間寄りのセカンドゴロでは左側に進みながらボールを捕ることになるが、スローイングとしてはそこから右側に体を切り返して投げるか、もしくはそのまま回転して投げるか。前者の場合は左側に動いている分、送球も左側にずれることを踏まえて、ファーストの位置よりも少し右側に投げるとちょうど良い。後者の場合は勢いを利用して素早く回転するのだが、こ

がいるわけだから、悪送球をしたとしても二塁へ進塁させることは防げる。そうやって心に余裕を持っておけば、「この辺に投げれば大丈夫」というややアバウトな感覚で思い切って投げられる。

　野球というのは全員で助け合っていくスポーツであり、プレーする以外の選手もバックアップで動いてくれているのだ。普段からそう思えるだけの信頼関係を築けていれば、守備は上手く回っていく。「せっかく捕ったんだから絶対に一塁へ投げないといけない」と考えると動きが硬くなってしまうが、逆に余裕を持っているとリラックスして動けるのでいい送球ができたりするものだ。

のときに少しだけ右側に軸を残しておくとタイミングよく回れる。また、通常と同じ感覚で投げるとボールを引っ掛けてしまいやすいので、思っているよりも早めにボールを離してあげるイメージを持つと良いだろう。

二遊間寄りのセカンドゴロ

★送球の強さを考えたステップが必要

　二遊間寄りのゴロは、セカンドからすると右側へ動きながらも最後は真逆の左側へ投げなければならず、しかも一塁までの距離が遠くなるので難しい。横からバウンドを見られるので打球の距離感はつかめるが、一・二塁間とは違って後ろへ下がりながら捕っていたら時間がかかってしまうので、できるだけ自分が前に出ていく形で捕るのが理想。打球の軌道の正面に入ってしっかりステップができれば、強い送球でアウトを取りやすくなる。

　ただもちろん、常にそうやって捕れるとは限らないので、いろいろな引き出しは持っておかなければならない。たとえば前に出られないような打球の場合はギリギリのところで右足を二遊間方向へザーッと滑らせ、体を打球の正面に入れて捕ることもある。

　ポイントとなるのは体のバランス。移動している間は自然と体重が右側に寄っていくので、捕球するときに踏ん張って立つことさえできれば「右→左」の流れでスムーズに送球へとつなげられる。だが滑ったときに頭もそのまま右側へ倒れてしまうようだと、立て直すのに時間がかかる。だからと言って右側にしっかり体重を乗せないまま投げてしまうと、送球の強さが不十分。したがって、滑りながらも頭を体の真ん中に持っていく足の使い方を覚える必要がある。ただしグラウンドが人工芝の場合は、足を滑らせようとすると足首のケガにつながってしまう。だからパパッと2回ほどステップして止まり、踏ん張って左足の位置に右足を入れ替えて投げる。そうすれば一塁方向へしっかりと力が伝えられる。

　送球のことを考えるとできるだけ打球の軌道の正面に入ってフォアハンドで捕りたいものだが、バックハンドで捕らざるを得ないケ

ースもある。二塁ベース寄りのボテボテの打球が来た場合は、右斜め前に出ながらのバックハンド。このときはランニングスローやジャンピングスローで対応することが多くなるだろう。また深い場所への二遊間方向のゴロであれば、やや後ろへ下がりながらのバックハンド。ここでは振り向きざまのジャンピングスローをしなければ間に合わず、かなり難易度が高い。

　しかし当然、いざというときのためにジャンピングスローもできるようにしておいたほうがいい。ポイントとしてはどちらの足で踏み切るにしても、右側に少し力を残した状態を作ること。そうすれば「右→左」と力を伝えて送球ができる。そして一塁までの送球ラインだけはずらさず、ファーストが捕れる範囲に投げてあげる。ステップを入れる時間もないのでワンバウンド送球でも構わないが、とにかくボールを捕ったらすぐ握り替えて離すことが大事だ。

　1つ言っておくと、アウトにできるかどうかというのは能力の問題も関わってくるので、仕方ない部分もある。肩の強さや体の強さがあればメジャー・リーガーのように難しい体勢からでも強いボールを投げられるだろうが、それはほんのひと握り。ただ、それでもジャンピングスローにおける体重のかけ方など、感覚をつかんでおくとプレーの幅は広がる。セカンドをこなそうと思ったら、ボディバランスの能力は欠かせない。

【二遊間寄りのゴロの処理】

踏ん張って送球

足を入れ替えて送球

ジャンピングスロー

二遊間寄りのセカンドゴロでは一塁までの距離が遠くなる上に、右側へ進みながら左側へ投げなければならないので、できるだけ「右→左」という体の使い方をスムーズに行いたい。やや回り込みながら打球の正面に入れるのであればしっかりとステップを踏めるが、その余裕がなければ左足を前に出してバックハンドで捕ってもいいし、右足を滑らせて打球の軌道の正面に体を入れ、踏ん張って投げてもいい。また後者の場合、人工芝のグラウンドだと足首のケガにつながってしまうので、その場でポンポンッと2回ほどステップして止まり、その場で足を入れ替えて投げるという手段もある。さらにギリギリで捕らざるを得ないケースでは、バックハンドで捕球してジャンピングスロー。どちらの足で跳んでも良いが、いずれにしてもしっかりと地面を蹴ること。そして体の右側に力を残しておき、空中で右側から左側に力を伝えて投げていく。左足を出しながら捕って右足ジャンプか、右足を出しながら捕って左足ジャンプか、どちらがやりやすいのかは練習で見極めておく必要がある。

"アライバ"の二遊間コンビプレー

★自分の右腕以外にもう一つ右腕がある感覚

　二遊間寄りの打球でも特にセンターへと抜けていきそうな場合は、ギリギリ腕を伸ばして捕るだけで精一杯になってしまうケースもある。そんなとき、私はショートを守る井端さんにトスをして代わりに一塁へ投げてもらっていた。このプレーで何度かアウトを取り、周りから"アライバコンビ"と言ってもらえるようにもなったが、そもそものきっかけは私が苦しい体勢で捕ったとき、井端さんが「トス！」と声をかけてくれたこと。声が聞こえたので咄嗟にそのままグラブトスをすると、絶妙な場所にいた井端さんがタイミング良く捕って送球してくれたのだ。

　アマチュアの選手にも言いたいことだが、こうした二遊間のコンビプレーは試合の中で必要なときも出てくるので、できれば普段から練習しておいてほしい。派手なプレーを嫌う指導者もいるとは思うが、いろいろな引き出しを増やしておくと咄嗟にそのプレーが出てアウトを取れたりする。私たちの場合は事前に練習したわけではないが、遊び感覚でグラブやボールを扱う習慣があるからこそ、試合でそういうプレーができたのだと思う。

　キャッチボールにおいても、二遊間で組んでいる場合は短い距離で「ポーン、ポーン」とトスやバックトス、グラブトスなどをやっておくと良いだろう。ちなみにグラブトスはトスやバックトスに比べて確実性が低いため、本当にギリギリ間に合うかどうかというタイミングのときにしかやらないもの。まず投げる方向にヒジを向け、そこからヒジを抜きながらグラブ側の手でボールをパッと離してあげると、フワッとした軌道の捕りやすいトスになる。手首を使おうとすると真上に上がりすぎてしまうので、注意したい。

ちなみにこの二遊間のコンビプレー、セカンドの私は井端さんを目掛けてトスするだけなので、決して難しいことではない。逆に井端さんは私がトスしやすい位置に入っていき、なおかつ捕ったら素早く一塁へ投げなければならない。つまり、これを成立させるためにはショートの動きが肝心。普通、自分が捕らなくていい打球の場合は途中で追うのを止めてしまうものだが、井端さんはすべての打球に対して追いかけてきてくれた。それが分かると2回目以降は「本当に困ったときはトスして投げてもらえばいいんだ」と考えられるようになり、「まずは捕ることだけに集中。レフトの位置まで走り抜けてもいい」くらいの感覚で打球を追えるようになって守備範囲も広がった。もちろん、トスしやすい位置に井端さんがいたとしても、自分で投げられる場合はそうすればいい。要は自分の右腕以外にもう1つ、投げるための右腕を持っているような感覚。スローイングの選択肢が1つ増えたことは、非常に大きかったと思う。

▲名手・井端（左）と組んだ二遊間は阿吽の呼吸が感じられた

スローイングを安定させるポイント

★体のバランスを考える

　セカンドはいろいろな方向に投げることが多いため、スローイングの引き出しをたくさん持っておかなければならない。ただし、横着をして小手先の技術だけに頼っていると少しずつバランスが崩れてしまうので、できる限りはステップを踏んで上から投げ下ろすこと。その基本ができているのを前提とした上で、いろいろな投げ方をしてほしい。

　たとえば一・二塁間方向のゴロを捕ったときなどは、上から投げるよりも横から投げたほうがスムーズなこともある。またボテボテ

【上や横からのスローイング】

しっかりステップして上からスローイング

のゴロであれば、捕球後にすぐ握り替えて下から投げてしまったほうが早い。ここで注意したいのは腕の位置だけを下げるのではなく、頭も同じように倒すこと。そうすると上体ごと傾き、ボールと頭の距離が通常のスローイング時のトップの形と同じになる。上体を傾けたまま投げるためにはバランス感覚も必要だが、ボールが遠くに離れるから腕だけで操作するクセがついてしまうのであって、ボールと頭の距離感をキープできればスローイングは安定する。

　余談だが、人によってセカンドからのスローイングが合うタイプもいれば、ショートからのスローイングが合うタイプもいる。捕ってから体勢を立て直してゆっくり投げるのが得意な人は前者であり、時間を空けずに捕ってから投げるまでのリズムを重視したい人は後者だ。

横からのスローイング

普段のスローイングで小手先の技術に頼りすぎると、上下が合わずに少しずつ体のバランスが崩れてくる。時間に余裕がない場合を除いては、基本的にしっかりとステップを踏んで腕を上から振り下ろして習慣をつけておくことが大切だ。また体勢を立て直している時間がない場合にはサイドスローやアンダースローが必要になることもあるが、トップの形やボールと頭の幅はオーバースローと変わらない。手が頭から離れるからおかしくなるのであって、上体を同じように使いながら体ごと傾けてあげれば良い。

　さて、もう１つ技術的な話をすると、スローイングを安定させるためには捕球後のステップも重要。セカンドに限らず内野手であれば、基本的にはボールを捕ったら右足を前にステップさせていきたい。そうすれば歩く動作の中で投げる姿勢を作ることができ、目標に対して軸足をしっかりと向けて送球することができる。もちろん、打球によってはバックステップが必要な状況もあるが、そうすると

【捕球後の軸足の送り方】

フロントステップ

バックステップ

内野手の場合は捕って素早く投げることが求められるため、フロントステップは必須。捕球後に右足をスッと前に出しながら頭の下に入れることで、スローイングにおける軸足としてしっかりと目標に向けることができる。なお、一・二塁間の打球を処理する場合にはバックステップを使うこともある。無理やり右足を前に出すよりも、右足を後ろに入れてしまったほうが自然に投げられるからだ。ただし、余裕のある状況でバックステップをしてしまうと、両肩のラインが後ろへ入りすぎてスローイングが窮屈になる。したがって、やはりフロントステップを基本として体に染み込ませる必要はある。

両肩のラインも後ろへ入りすぎて送球の方向をスムーズに定めにくいし、素早い動きができなくなる。どうしてもバックステップしかできないのであれば、極端に右足を前に出していく意識で練習を重ねること。具体的には、右足のヒザをクッと入れていく感覚があるとスムーズにステップしやすい。そして素早くステップする場合は、先述のように右足をスッと頭の下に入れること。右足に体重を乗せた状態を保ち、本塁側から見て漢字の「入」の形で送球に移ると良いだろう。

　ちなみにイチローさん（元シアトル・マリナーズほか）がライトのポジションから強烈な"レーザービーム"を繰り出すときというのは、基本的に投げる体勢を作りやすい正面の打球、あるいは右中間寄りの打球を捕ってからバックステップをして投げている。そうすることで肩が後ろにハマるため、しっかり腕が振れてものすごい送球になるのだ。

　その一方で足を前にステップさせる場合は、送球の強さがやや落ちる代わりに捕ってからのスピードが速くなる。そう考えると、スピードが求められる内野手にとっては後者の使い方のほうが望ましい。もともと投手や外野手だった選手が内野にコンバートされたときに苦労するのは、軸足に体重をしっかり乗せて、しっかりと腕を振って投げる癖がついていることも無関係ではないかもしれない。

イップスを克服する

★スローイングの技術不足だということを確認

　セカンドにもだいぶ慣れて守備に自信を持っていたプロ12年目あたりの頃、スローイングの感覚が少しずつ狂い始めたことで私は悩むようになった。

　何が直接的な原因だったのかは未だに分からない。チーム事情としてファーストに打撃力重視の外国人選手を置くことが多かったため、「絶対に捕りやすいところへ投げなきゃいけない」という気持ちが強かったこともあるだろうし、守備ではダイビングキャッチ、走塁ではヘッドスライディングをたくさん重ねてきたことで負担がかかり、最終的に肩を痛めたという影響もあるだろう。そして何度も言ってきた通り、小手先の技術でプレーすることに慣れすぎたという面も少なからずあると思う。

　ただ、私が最後に辿り着いた答えは「スローイングの技術不足だ」ということ。専門家に言わせれば気持ちの問題なのかもしれないが、そもそも何も考えなくても狙ったところへ投げられる技術を確立しておけばいいわけだし、不安材料をなくしておけば心が病むこともない。

　現在、私はコーチとして内野守備を担当しているが、送球面で悩んでいたり、また私のように"イップス"になった選手に対しては、絶対に「気持ちの問題だ」などと言ってはいけないと思っている。選手を良い方向へ導いていくのがコーチなのだから、どうやって投げてもそこにしか行かないというスローイングの形を作れるようになるまで、練習の中で教え込んでいくしかない。当然、選手たちは苦しいだろうし、相当な努力が必要になるが、こちらも覚悟を持ってとことん彼らと付き合っていこうと思っている。

送球難やイップスを克服するためには、とにかくキャッチボールを何度も反復していくこと。大きくゆっくりと体を動かしながら、ボールの握り方、腕の上げ方、ヒジや手首を柔らかく使うことなどを１つずつていねいに確認していくことが大切だ。そして「心・技・体」を「体・技・心」の順番に変えていかなければならない。体力があるから練習を積むことができ、練習するから正しい技術が身につき、技術に自信があるから心が強くなる。かなり時間はかかるが、そうすれば何も考えずにしっかりと投げることができるようになる。

　私の場合で言うとまずは肩痛を治すことから始めたが、その後はやはりキャッチボールで何度も同じ動作を繰り返した。スローイングというのは結局、正しい順番通りに体を使えるかどうかが大事。腰がキレ良く回り、そこから肩が出てきて、振られるようにヒジが出ていき、手首が振られて最後に指先が走るものだ。ところが肩が痛いと、体を回してから腕が出ていくときの胸のハリが生まれず、肩よりも先にヒジが出ていってしまう。そこをカバーしようとして指先の感覚で調整するから、どんどん小手先だけのスローイングになってしまうのだ。また、肩痛が治ったとしてもそのときの感覚は記憶として残るため、投げるときに思わず「このまま投げると痛くなりそうだ」と体が反応してしまい、肩をかばってヒジから先だけで腕を振ってしまいやすい。

　つまり、無意識のうちに正しい順番を守れずに投げてしまっているわけだ。私は最終的にシーズンオフにプールへ通い、毎日２時間ほどクロールをすることで肩まわりを強化。不安を取り除いたことで正しい順番通りに投げられるようにもなり、イップスを克服することができた。

　そうやって自分の体の使い方を紐解いていくと、送球に難を抱える選手は実は投げ方が悪いのだということが分かるし、「じゃあ練習すればいいんだ」とシンプルに考えることができる。精神的に「あぁ、またダメだった」などと考え、落ち込んでどんどん悪循環にハマっていくよりも、ただひたすら練習に集中していくほうが良いだ

ろう。

　話は少し逸れるが、実は「投げることが仕事」と言われるピッチャーであっても"送球イップス"になるケースはよくある。マウンドからだとしっかり投げられるのにもかかわらず、ピッチャーゴロやバント処理の送球になった途端、リズムが悪くなってしまうという選手は少なくない。それはなぜかと言うとマウンドからの投球では普通、右投手であれば左側の股関節にしっかりと体重を乗せて投げている。ところが守備の送球となると素早さが求められるため、左側の股関節に体重を乗せる前に腕を振ってしまう。だから上下のバランスが噛み合わず、送球がバラバラになってしまうのだ。小さくてもいいからしっかりとステップをして、体を回しながら左側の股関節に体重を乗せること。その順番さえ守れば、ピッチャーの送球イップスも治すことができる。

グラブの使い方とこだわり

★捕球ポイントは２か所作る

　グラブについては、着けたままでも日常生活を違和感なく過ごせるというくらいまで、自分の手と同じ感覚にして扱うことが大事だと思う。だから私は手を入れたときのフィット感にはこだわり、入り口の部分は狭くしてビシッと締まるようにしていた。ただし、手をグッと奥まで入れすぎると手首まわりが硬くなってしまうので、少しだけ手前に抜いて指先にちょっと引っ掛けるような感覚で柔らかく使う。その一方で、緩すぎたら手の動きに対してグラブが少しだけ遊んで遅れてしまうため、手とまったく同じように操縦できるかどうかという部分は重視していた。

またグラブの面をしっかりボールに当てられるようにしたいので、大きさは標準かやや小さめくらいのものを使い、全体的に広く浅く作るようにしていた。さらに、個人的には小指側が広がっているほうが良い。と言うのも、セカンドゴロでゲッツーを狙う際は二塁ベースに入ったショートへ向かってトスをするわけだが、捕ったときにグラブがパッと閉じるとボールが視界からいったん消えて、ショートがトスを捕りにくくなってしまう。捕ったらすぐショートにボールを見せるためにも、基本的にはグラブを開いたまま使えるようにしておきたいのだ。また私は脱臼の影響で右手の小指が曲がっているので、間口の狭いグラブの中に手を入れると小指が引っ掛かってしまいやすい。しかしグラブの小指側が広がっていれば、スムーズにボールを握ることができる。

　捕球位置は基本的に2か所あり、だから芯も2つ作っていた。1つ目はオーソドックスに人さし指の付け根あたり。これは送球やライナー、フライなどが来たときに捕る位置で、走者にタッチすることなども含めて、ボールをしっかりと押さえておかなければならない場面で使う。先述の井端さんとのコンビプレーなどバックハンドで捕ってグラブトスをするときも、ボールを弾いてしまわないようにやはりこの位置で捕る。そして、芯に入れていったん握ってからパーンと離すと、安定したトスになる。2つ目は中指と薬指の付け根の間あたり。グラブの面の広い部分で、ここで捕るとちょうど手のひらの中心にボールを当てる感覚になる。この芯を使うのはゴロ捕球のとき。浅めの位置で捕らなければボールが出てくるのが遅くなり、握り替えの動作でロスが生まれてしまうのだ。
　グラブの細かい形状などについては、実はあまりこだわりがない。要は、自分が素手でボールを捕るときの手の使い方と同じようにグラブを使えればいいのであって、グラブの形を重視して選んでも、自分の指の動きに反したものだと上手く捕ることはできない。どの形が正解というものではなく、自分の手の形や使い方の感覚に合う

ように馴染ませていくことが大事だ。

　手入れの方法も人それぞれだと思うが、私はわりと頻繁に行うタイプ。試合用グラブに関してはまず試合後に土などの汚れをパパッと落とし、自然な形で置いておく。そして翌日、試合前にオイルを少しだけ塗って革に馴染ませていく。試合前に手入れをするのは、自分の集中力を高めるためのルーティーンとして大事にしていたことでもある。ただオイルを染み込ませすぎてグラブが重くなるのは嫌だったので、本当に薄く塗るようにしていた。どんな形でも捕れるようにしたかったので、どちらかと言うと好きなのは柔らかいグラブ。そして、できればグラブを開いた状態で広げておきたかったので、保管するときは面を下に向け、親指と小指を着けた状態で置いていた。もちろんタイプは人それぞれで、日本を代表する名手だった宮本慎也さん（元ヤクルト）などは「グラブが広がらないようにボールを入れて横にして保管する」とおっしゃっていたが、私の場合は逆にグラブを広げたいというのがこだわりだった。

第3章

さまざまなプレー

セカンドゴロのゲッツー

★守備側は守られている

　一塁走者がいる場面でゴロが転がってきたとき、いかにゲッツーを取れるかというのは内野手の醍醐味だ。

　私は現役時代、一塁走者の足が速いケースでボテボテのセカンドゴロが来て「前に出て捕ったら二塁封殺は間に合わない」と判断したときは、あえてバウンドを1つ待って一塁走者の走路上（一塁ベースと二塁ベースを結んだライン上）で捕球姿勢を作り、走者のスピードを遅らせることでゲッツーを取っていた。

　捕球姿勢で待っているということは守備の態勢に入っているということであり、万が一、走者がスピードを緩めずにぶつかってきても守備妨害でアウトになる。そう考えると走者は基本的にその場でいったん止まるわけで、ゴロを捕ったら二塁へ転送するか、走者にタッチしてから一塁へ送球。これでゲッツーを成立させることができる。もちろん、走者が暴走してぶつかってくることも考えられなくはないので、リスクは覚悟しなければならない。

　だが野球というのはルール上、守備側が守られているスポーツ。本当にぶつかりそうになったら避けるか、ぶつかったフリをして力を逃がしながら転倒すれば、大ケガを回避しつつ走者をアウトにできる。

　セカンドゴロでゲッツーを狙う際には、さまざまな送球の方法がある。状況によってどれを選択すればいいのか、瞬時に判断して動けるように普段から準備しておくことが大切だ。

二遊間寄りの
セカンドゴロでゲッツー

★捕球位置に応じたトスを選択

　セカンドゴロゲッツー、いわゆる「4（セカンド）－6（ショート）－3（ファースト）」のプレーでは、打球によって送球の方法を選択していく。二遊間寄りに打球が飛んできた場合は基本的にトスか、バックトスか、グラブトスになる。守備位置から右側に移動して二塁ベースへと近づいていくわけで、わざわざ腕を振ってボールを投げるよりもポンッと軽くトスをするほうが早いし、二塁ベースカバーに入るショートからしても捕りやすい。体勢が難しい場合にはバックトスやグラブトスでも良いだろう。

　トスにおいて大事なことは、ショートが思い切ってステップして勢い良く一塁へ投げられるようにしてあげること。手首を利かせて回転を掛けると、引っ掛かって高く上がりすぎたりスピードが速すぎたりして捕りにくいボールになり、またコントロールも安定しない。ショートも動きながら二塁ベースに入ってくるのだから、捕球後に右手でボールをしっかりつかんだら、手のひらをパッと開きながらフワッと押し出していくような感覚がちょうど良い。

　では、二塁ベースまでやや距離が長い場合はどうするか。遠い位置からトスする場合は、手首も利かせて回転を掛けなければならない。ただ、ここで重要なのが足を使うこと。左足から右足へと体重を移していき、その動きに合わせて手でボールを押し出してあげると相手は捕りやすい。また力を伝える方向は右側なので、今度は一塁送球と逆で左側に体重を残す。頭が右側に突っ込んでいくと小手先だけの不安定なトスになってしまうが、左側から打球を見ながら

足を運び、捕ったら左→右という体重移動ができるとスムーズなトスになる。

　バックトスについては、引っ掛けてボールが高く上がってしまいやすいので、練習で感覚をつかんでおくこと。捕球後に右ヒジを上げ、投げる方向へ向けて固定したら、そこから先の部分を前へパーンと出してあげる。手首を利かせるとやはり不安定になるので、ヒジを横に向けたまま右手を押し出し、手のひらをパッと開いていく感覚だ。また、こちらも腕だけで操作するとブレが生まれるので、足をしっかりと使うこと。距離が短いからと言って横着をするのではなく、足から動きのきっかけを作り、体重移動に合わせて腕を持っていくと質が良くなっていく。

　最後にグラブトス。ポイントはバックトスと同じでヒジを固定し、ヒジから先を押し出していくこと。腕ごと振ろうとしたりヒジを大きく引いたりすると、ブレが生じるので気を付けたい。ただし、基本的には素手のほうがコントロールしやすいものなので、多用するのはオススメできない。私が現役時代にグラブトスを使ったのも、握り替えている時間が本当にないときか、バックハンドでギリギリ捕球できたときのみ。フォアハンドで捕れるのであれば、右手に握り替えてトスをしたほうが確実だ。
　そう考えるとグラブトスは特に難易度が高いので、普段から遊びの中でグラブさばきの練習をして感覚を自分のものにしておくことが大事。まだ感覚が染み付いていない段階ならば、無理にゲッツーを狙って素早くグラブトスをしようとすると一塁走者・打者走者ともオールセーフになる可能性が高まってしまうので、「一塁走者だけは確実に二塁で封殺する」という意識できっちりとトスをしたほうが良いと思う。

【ゲッツーのトス】

腕の動きに頼って手首を利かせてトスをすると、ボールに回転が掛かって高く上がることも多くコントロールも安定しない。トスをする際は左側に体重を残したまま捕球し、左足を蹴って右足に体重を移動させるイメージで、足を使って腕を送り出してあげること。そして相手に向かって腕を押し出しながら、手のひらをパッと離していく。軌道としてはフワッと浮かせてあげると、二塁ベースに入るショートも素早く送球に移りやすい。

【ゲッツーのバックトス】

ゴロのバウンドが合わなかったときや難しい体勢で捕球したときでも、バックトスを使えればスムーズにゲッツーを取ることができる。ポイントは投げる方向へヒジを向けて固定し、そこから先を前へ出してあげること。手首を利かせるとコントロールが不安定になるので、ヒジを横に向けたまま腕を下から押し出して手のひらをパッと開くと良い。こちらもトスと同様、左側に軸を残した状態で捕球し、「左→右」の体重移動に合わせて腕を出す。普段から遊びの中で感覚をつかんでおくことが大切だ。

【グラブトス】

バックハンド

フォアハンド

グラブトスはトスよりも確実性が低くなるのであまり多用しないほうが良いとは思うが、困ったときには使うこともある。普段からボールをグラブに当てて握り替えたり、グラブトスだけでキャッチボールをしたりといったグラブさばきの遊びをして、感覚をつかんでおくことが大切だ。グラブトスに関しては、ボールを芯の位置に入れてつかんだ状態から、引っ掛けないように手を押し出していくこと。少しだけグラブの中をボールが転がっていく感触は残るが、基本的にはグラブを着けていても素手でも使い方は同じ。手でトスをするときとまったく同じ感覚でグラブトスができればいいのであって、ヒジから先を伸ばしながら手のひらを開いていくイメージだ。

正面のセカンドゴロでゲッツー

★焦らずに基本の形で捕球

　二塁ベースとの距離が長い状態でゲッツーを狙うのであれば、基本的にはスナップスローが求められる。セカンドゴロが体の正面の範囲内に来た場合は、いったん逆回転（右回り）させることで体の向きを二塁方向へ切り替えてから送球。右足を引いてヒザをつけることで逆回転をする人もいるが、両足の位置をその場でパッと入れ替えるのが基本だ。

　技術的なポイントとしては体の右側に軸を残し、そこを中心に回ること。よくあるのは捕ってから後ろに下がろうとして、右足を大きく引いてしまうパターンだが、体ごと後ろへ行ってしまうと送球に力が伝わらない。フィニッシュで勢い余って後ろへ下がる動作をイメージする人も多いかもしれないが、それはギリギリのタイミングで捕ってから体を右側へ切り返して投げる場合。そもそも前の足（左足）にしっかり体重を乗せなければ強くて安定した送球にはならないので、余裕がある場合はむしろ、投げ終わったら自分もそのまま前へ出て二塁ベースへ走り出していくようなイメージを持っておくことが大切だ。

　右側に軸を持ったまま回るためには当然、ボールを体の中心で捕らなければならない。いったん体の左側で捕ってしまうと、そこから右足に体重を戻すのが難しく、体勢を立て直すのに時間が掛かる。だからと言って左側を軸に回ろうとすると、その後の動きが大きくずれていってしまう。二塁送球の動きを考えてもやはり、普段から体の右側を重視して打球に入って捕球姿勢を作るほうが良いのだ。

【ゲッツーの逆ターン送球】

その場で上体反転スロー

足の入れ替えスロー

　なお、できるだけ速く回転させたいとはいえ、体の面を右斜めに向けて捕ったり、しっかりステップを踏まずに回転したりするとミスが起こりやすい。特にゲッツーの場合は短い時間の中でプレーを完結させなければならないので、バウンドが合わないこともしばしば。そこで体を右側に少し開いているようだと、「捕れなくても何とか体でボールを止めて打者走者だけでも一塁でアウト」というプレーができなくなる。また、右足をしっかり踏んでから回らないと両足を素早く入れ替えることができず、体の軸のバランスが崩れて

セカンドは二塁送球をする際、いったん逆回転（右回り）をして体の向きを変えてから投げなければならない。この動きをスムーズに行うためには体の右側の軸で回ることが重要だ。したがって、右足の上に頭がある状態を常にキープできているかどうか。体重を右側に残して捕球したら、右足を後ろに大きく引くのではなく、すばやく両足を入れ替えてその場でクルッと回転。イメージとしては右足の前で捕球して、右足1本で体を回転させるくらいの感覚でちょうどいい。

小手先だけの送球になってしまう。だからこそ、いかに普段から"基本の形"で捕れているかどうか。まずは遅くても構わないので回り方とボディバランスの感覚を養い、そこからレベルが上がっていくにつれて同じ形を続けながら回転のスピード、ボールを持ち替えるスピード、足を送るスピードなどを上げていけばいい。

　スローイングの質で言うと、常に二塁ベースの上に投げることを心掛ける。ショートは当然、一塁との位置関係を視野に入れながら

ベースに入ってくるもので、常にベース上に来ることさえ分かって
いれば、あとは自分で投げやすいところに動いてくれるのだ。さら
に相手が捕りやすい回転を掛け、胸から顔あたりまでの範囲の高さ
に投げると良い。また変に強さを加減して緩いボールを投げると、
ショートも送球のタイミングを崩してしまうことがある。しっかり
腕を振ってビシッと投げたほうが、次の動きにはつなげやすい。

一・二塁間寄りの
セカンドゴロでゲッツー

★状況に応じたスローイング判断が必要

　一・二塁間寄りのセカンドゴロの場合、体が左側へ移動すること
になり、ゲッツーを狙うためには進行方向と真逆に投げなければな
らない。体勢に余裕があるケースなら体を逆回転させて投げられる
こともあるが、それができないのであれば体を左回りに回転させ、
振り向いて投げることが求められる。

　二塁ベースは自分から見えない方向にあるが、もともと守備位置

【ゲッツーの回転スロー】

に就いた時点で一塁ベースや二塁ベースの位置関係は把握している
はず。したがって、打球を追いかけながらも二塁ベースの位置を「だ
いたいあの辺だな」と感じることはできるだろう。また、回転する
と言ってもとにかく振り向きざまにすぐ投げるわけではなく、投げ
る直前に一瞬だけ間が生まれるので、そのタイミングで目標を定め
れば良い。あとは一塁送球のケースでも説明したが、回転スローの
感覚をつかんでおくこと。ボールを持ちすぎると引っ掛けてしまい
やすくなるので、いつもより早めにリリースしてあげるイメージを
持つことが大切だ。

　指導者の中には派手なプレーを嫌う人もいるが、試合で回転スロー
をしなければならない場面は出てくるもの。だからこそ、練習の
ときから回転して投げてみて、自分なりの感覚を把握しておかなけ
ればならない。捕球したのが高い位置なのか、低い位置なのかによ
っても回転の仕方が変わってくるので、そこも突き詰めてもらいた
い。さらにゲッツーを絶対に取らなければならないのか、それとも
まずは二塁封殺さえできればいいのか、状況によってプレーに求め
られるスピードも変わってくる。後者であればいったん止まって、
踏ん張ってステップしたほうがいいかもしれない。そういう選択肢
も含めて、プレーを瞬時に判断することが大事だ。

　一・二塁間のゴロを捕ってゲッツーを狙う場合は、回転スローと同じように背中側へ振り向いて
投げることも求められる。打球を追っているときは当然、二塁ベースが視界に入らないわけで、
どの辺にあるのかという位置関係は把握しておくこと。そして、ボールを持ちすぎると引っ掛け
てしまうので、早めにリリースしてあげる感覚を持っておくと良い。

二塁ベースでのピボットプレー

★体を壁のようにして送球を跳ね返す

　一塁走者がいるケースでサードゴロやショートゴロが転がってゲッツーを狙う場合、セカンドは二塁ベースに入って送球を受け、素早く一塁へ転送しなければならない。ここで求められるのがピボット（軸足を中心に回転する動き）の技術だ。

　特に昔のプロ野球では一塁走者がゲッツーを防ごうとして、二塁ベースカバーの選手に向かって突っ込んで潰しにくることも多かったため、ベース上でプレーを完結させる必要があった。ベースから離れてステップしようとすると走者とぶつかるリスクが高いが、ベース上にいれば走者もスライディング時に自分の足がベースと衝突するリスクを考えて、勢いを少し緩めてくれるのだ。

【ピボットプレーのステップ】

その場でステップ

前に出てステップ

今の時代で言うと、走者が野手を潰しにいく行為は厳しく取り締まられているため、送球を受けたら前後左右にずれてしっかりステップを踏んで投げることもできる。ただ逆にリクエスト制度も導入されており、ビデオ映像のリプレー検証によって、足がベースから離れるのが少しでも早かったりするとセーフになってしまう。昔は何とか衝突を回避しようというこちらの意図まで汲んでもらえていたと思うが、より厳密に判定されるようになったわけで、やはり二塁ベース上でプレーできれば理想的だ。また、送球との距離を縮めるという意味ではベースの前に出て捕るのも良いと思うが、走者を避ける必要がない以上、ベースの後ろに下がって捕るというのはロスが大きくなるのでもったいない。

　ベース上でのピボットプレーは、実は体の使い方が難しい。イメージとしては自分の体で壁を作り、送球をパパンッと当てて反射させるように一塁方向へ跳ね返してあげる感覚。そうすると動きのム

内野ゴロゲッツーを狙って二塁ベースカバーに入り一塁へ転送するケースでは、ベース上に留まってその場でステップするか、もしくはベースの前に出てステップする。いずれにしても左足でベースの真ん中を踏み、右足を着地させるタイミングで捕球。そして右足に体重を乗せながら素早く握り替え、左足を一塁方向へ踏み出してボールを投げていく。相手に対しては体の面を向けて構え、ボールが来たらその位置まで足を運んでヘソの前で捕ること。それでも右足に体重がしっかり乗っていれば、しっかりとスローイングにつなげることができる。

ダがなくなり、一塁まで素早くボールを転送できる。二塁ベースへ
入る際にまず気を付けなければならないのは、早めにベースを離れ
ないこと。アウトを2つ取れなかったとしても、一塁走者の二塁封
殺だけは確実に取っておきたい。それを前提とした上で、私の場合
は送球が来るタイミングに合わせてベースの真ん中を左足で踏んで
おく。そして、ボールが右側に来たら右足をベースの右側に着いて
捕球。ボールが正面に来たら、右足をベースの前に出して捕る。い
ずれにしても右足を出すタイミングで捕り、股関節にポンッと体重
を乗せながらボールを素早く右手に握り替えたら、左足を一塁方向
へ踏み出して一発で投げていく。

　また基本的には周りの野手が走者と交錯しないように投げてくれ
ると思うが、万が一、ボールが左側へずれてきたとしたら、グラブ
側の腕を伸ばして捕りながら右足をそこに持っていき、グラブの下
に体を入れていく。右足が着地したときにはグラブとボールが右肩
付近にあって、すでにスローイングのテークバックの形が作れてい
るというイメージだ。
　送球に対しては必ず体の正面を向け、どこへでも動けるように準
備しておくことが大切。素早く転送しようとするあまり、体が少し
斜めになっていたりすると動きのバランスが崩れやすい。ただし、
その中でも「体を壁のようにして送球を跳ね返す」ためには、上体
を少し開いて投げなければならない。右足を出して捕れば、同時に
左足が少し下がった状態になるため、上体の面が一塁側へ開きやす
い。
　メジャー・リーガーのピボットプレーなどを見ていても、ベース
に入ったらその場で上体を開いて送球している。もちろん上体の強
さや肩の強さ、ボディバランスの良さなどが備わっているので、彼
らにはできて当たり前だと感じるだろう。だが、本当に見てほしい
のは彼らの体の使い方。体の強さが備わっていないのであれば、そ
の場で足をしっかりと使うことでスローイングをカバーすればいい

のであって、私のような選手でもベース上でのピボットプレーはできたわけだから、身のこなしの感覚さえつかめば日本人選手にだってできないことはないと思う。

クイックスロー

★右→左の体重移動を意識する

　ピボットプレーにおいては、いかにスムーズに握り替えができるかも問われる。いわゆるクイックスローの技術で、これはもう自分なりに感覚を磨いておくしかない。短い距離でクイックスローの練習をすることもあるとは思うが、そもそも普段のキャッチボールのときから捕ったらすぐ握り替えるようにし、試合に出場せずベンチにいるときにはグラブとボールを持ってポンポンと叩きつけるなど、習慣をつけておくことが大事だ。

　パッと握り替えたときに完璧な４シームの握りにはならなかったとしても、どこか１か所さえ縫い目に掛かっていれば、ある程度の送球はできるもの。内野手は特に小さな動きで素早く送球することが求められるので、キャッチボールでもパパパッとテンポ良く進め、素早く握り替えてほしい。

　ちなみに、握り替えるときはまず手のひらでつかんだほうが縫い目を探しやすいが、中には最初から人さし指と中指の２本でボールを握ろうとする人もいる。前者のほうが望ましいものではあるが、それを強制して逆に感覚が狂ってしまうと困るので、無理に変える必要はない。ただ、どうすればよりスムーズに持ち替えられるのか、いろいろな方法で練習してみることは大事だと思う。

　そして、素早く握り替えて投げるための大きなポイントは、足の

使い方だ。クイックスローは小手先でちょこちょこっとプレーして
いるように見えがちだが、足を使わなければしっかりと送球できな
い。「足を使う」と聞くと動きが大きくて遅そうなイメージを抱か
れやすいが、最初から体重を右側に乗せておいて、捕球時に一瞬だ
け左側に移してから右側にクッと乗るようにアクセントをつけてい
けば、「右→左」の体重移動で素早く強いボールが投げられる。ま
た二塁ベース上でボールを捕って一塁へ転送するにしても、二塁ベ
ースから1歩前に出て捕ってからステップするにしても、体の使い
方は基本的に同じ。いずれにしても「右→左」の体重移動は必要で、
ステップを大きくしたものが「前に出て捕る」、ステップを小さく
したものが「その場で捕る」ということだ。

　ベースの前に出て捕る場合は動きが大きくなるので、頭が倒れて
軸がぶれないように気を付けなければならない。右足の上に頭があ
る状態をキープし、ボールを捕ったときにポンッと右足に体重を乗
せ、軸を真っすぐにしてステップすればスムーズに送球できる。ゴ
ロ捕球の"基本の形"で右足に体重を残すのも、ここにつながって
くる。

　なお、井端さんは私のピボットプレーについて「荒木は体の左側
にボールを投げると動きがスムーズにならない。体の右側に投げて
もらいたいタイプだと思う」とコメントしていた。これはまったく
その通りで、私には常に右側の軸をキープしたまま捕って送球した
いという思いがあった。できることなら、投げるときのトップの形
を作ったまま捕れるのが理想。あらかじめ右肩寄りにグラブを置い
ておき、右側に体重を置いたまま移動して捕りにいき、ステップし
て投げる。だからサードを守る選手などに「どのあたりに投げてほ
しい？」と聞かれたときには、「右肩あたりに投げてほしいです」
と答えていた。左側にボールが来たほうが勢いを使って一塁へ投げ
られそうな気もするが、私の場合は左側でボールを捕ってもやはり、
その下に体を入れて右側に体重を乗せてから投げたいのだ。

【クイックスロー】

二塁ベース上でのピボットプレーも含めて、セカンドというのは小さな動きで素早く投げるクイックスローの技術も求められる。したがって、普段のキャッチボールなどからすぐ握り替える習慣をつけておくことが大事だ。ポイントは小手先でこなすのではなく、足の動きをちゃんと利用すること。通常は体の右側に体重を乗せることを重視して捕球するが、クイックスローの場合はヒザを柔らかく使って軽く左足に体重を移して捕り、右足にクッと入れてアクセントをつけてから投げる。「右→左」の体重移動を素早く使うことで、足の動き自体は小さくてもしっかりと送球できる。

セカンド前のバント処理

★自ら捕球することを想定しておく

　バントへの対応はセカンドにとって大きな仕事の1つだ。打者がセーフティーバントや送りバントを試みた場合は、自分が打球を処理するケースもあれば、一塁ベースカバーやその後方のバックアップに入るケースもあるので、しっかりと判断できるように備えておくことが大切。バントしたからと言ってすぐさま一塁ベースへ向かって走ってしまうと、やや強い打球となってセカンド前方に転がってきたときに対応できない。セカンドのポジションががら空きになってバントで抜かれるというのは、守備全体としても大きなショックを受けるもの。したがって、まずは自分で打球を処理することを考え、「あぁ、来なかったな」と判断したらすぐに切り替えて一塁方向へ走る。入り方としては真横へ移動するのではなく、まずは少しだけ前に出て、そこから斜めに走っていくというクセをつけなければならない。

　セカンドはいつ、いかなるときでも自らのバント処理を想定しておくこと。たとえば無死一塁、試合展開を考えて「絶対に送りバントだ」と確信できる状況だったとしても、右打者がバントの構えをしていたらたまたま内角直球が芯に当たって強めのセカンドゴロになるというケースはよくある。私はまず前にダッシュしていたので、守備位置を浅くしていたときなどは一・二塁間を走る一塁走者の前を通っていったこともある。ファーストにもあらかじめ「この方向に強いバントが来たときは自分が行く」と伝えて一塁ベースカバーに入ってもらうようにしていたし、いったん前へ出てから一塁方向へ切り返すという動き方は徹底していた。

　そこまでしなくてもいいだろう、という意見もあるかもしれない

が、このプレーを想定しているからこそ、セカンドはむやみやたらと深く守るわけにはいかない。逆に言えば、その前提がある中で深い守備位置を取れているということに価値があるのだ。セカンド前方へのバントと言うと右打者のプッシュバントのイメージが強いが、左打者がドラッグバントをしてくるケースもある。また、スラッガータイプの打者が勝利にこだわり、ここぞという場面で1年に1回あるかないかのセーフティーバントを仕掛けてくることだってある。やはり、どんな場面でもバントの可能性は常に頭に入れておかなければならない。

投内連係と一塁ベースカバー

★一塁ベースの位置を見なくても踏めるように

　バントやボテボテのゴロ、小フライなど、セカンドとピッチャー・ファーストとの間に打球が飛んできた場合には、誰が打球を捕って誰が一塁ベースカバーに入るのか、素早く連係する必要がある。誰が指示を出すと決まっているものではないが、一番後ろから全体を見られるセカンドが声を出したほうが判断はしやすいだろう。

　打球の判断基準としては、強い当たりならセカンドが捕り、弱い当たりならファーストかピッチャーが捕るということをあらかじめ決めておくと良い。そして強弱が中途半端な場合は、セカンドが「自分がアウトにできるかどうか」を基準に判断する。そこでセカンドが「オッケー」と声を掛ければファーストは一塁ベースへ戻りやすいし、何も声を掛けなければファーストとピッチャーは「自分たちの間で判断すればいいのだな」と分かる。当然、ファーストやピッチャーに打球を任せるのであれば、セカンドは方向を切り返して一

塁ベースカバーに向かう。

　一塁ベースカバーにおいてはギリギリのタイミングで到着することもあるため、送球を捕ることに集中していてベースを踏み忘れるミスが意外と多い。また、勢い良く入りすぎて走者とぶつかってしまうこともある。だからと言って、スピードを落としてセーフにしてしまったら意味がない。したがってベースを見なくても走りながら踏めるように、普段からクセをつけておくこと。まずボールを捕れないことには始まらないので、ボールを見ながら捕ってベースを踏む感覚を養うのだ。最初のうちはベースの位置を見ながら走っても良いので、「あと何歩くらいで届くな」という距離感を覚えてもらいたい。

　ノックなどで投内連係の練習をする際、セカンドは先に一塁ベースへ着いて待っていることが多いが、実際の試合でそうなるとは限らない。だからこそ、指導者はあえてセカンドのスタートを遅らせたり遠い位置からスタートさせたりして、ボールを捕るのとベースを踏むのが同じタイミングになるように設定して練習することもしてほしい。

　一方、時間に余裕があって先に一塁ベースへ到着した場合は、パッと左足をベースの端に着けておき、打球を処理する選手に対して体の面を真っすぐ向けて構える。正面を向くことでどこに来ても動けるし、相手も的が大きくなるので投げやすくなる。なお、内野ゴロの一塁送球だとファーストは右足でベースを踏んで左足を伸ばして捕っているが、これはスピードが重視されるため。そもそも投げるほうとしては、相手に斜めに構えられると「そこに投げなきゃいけない」というプレッシャーも強くなるものだ。バント処理の場合は落ち着いて確実に投げることのほうが重視されるため、それをする必要はない。

バックアップ

★ボールの進む方向へ体を進める癖を

　守備というのは、どこに打球が飛んでも動きが伴うもの。セカンドの場合、三遊間方向にゴロが転がれば一塁へバックアップに走り、ピッチャーゴロやファーストゴロならその周りのバックアップ。そしてキャッチャーゴロであれば、一塁後方のバックアップに走らなければならない。自分が常にしっかりとバックアップするからこそ、相手のバックアップに対しても感謝しながら安心感を持ってプレーできる。お互いに信頼関係を築くことで、守備は上手く回っていく。

　もちろん、打者が打った瞬間からバックアップに走り出す必要はなく、まずは自分が打球に反応することが大切。ただ、たとえばショートゴロに反応して最初の1歩を右側に踏み出したとしても、そこから一塁方向へ体を切り返し、1歩でも2歩でもバックアップに走ること。ピッチャーゴロに対して「よし、捕った」と思っても、「もしかすると悪送球になるかもしれない」と考えて、やはり少しでも一塁方向へ走り出してほしい。遅くなってもいいから、ボールの進む方向へ体を持っていく。それが1つのボールを追いかけるということであり、普段から癖をつけておくことでいざというときにその動きが出る。

　また、走者がいるケースでは1球ごとにピッチャーの後ろへ歩いていき、キャッチャーからの返球に対するバックアップをする必要もある。守備の構えから少しずつ体勢を低くしていってインパクトを迎え、打者がボールを見送ってキャッチャーが返球しようとするときにはすでにピッチャー後方へ1歩進んでいる。それくらいの癖をつけておきたいものだ。ただ、打球が飛んだ後にボールの方向へ動くという習慣を続けていると、自然とピッチャー後方のバックア

ップも染み付いてくる。最終的には走者がいなくても動くようになれば本物だろう。あとは二塁けん制やキャッチャーからの二塁送球の際、ショートが二塁ベースに入るのであれば、セカンドは後ろのバックアップに入る。このケースでは、慌てて早めに入ろうとしすぎても意味がないので、「遅れてもいいから後ろへ行く」という癖をつけておけば良い。

一塁走者の盗塁

★走ったからと言ってすぐに二塁方向へ走らない

　一塁走者が盗塁を仕掛けてきたら、二遊間は二塁ベースカバーとバックアップに入る。アマチュアだとショートが二塁ベースに入るケースがほとんどだが、プロの場合は状況を踏まえて事前にどちらが入るかを決めているものだ。具体的には、打球が飛んでくる確率が低いほうが二塁ベースに入る。そして、もう一方は二塁ベースから離れても構わないので、打球への対応を重視。もちろんバックアップの役目もあるが、ボールがキャッチャーミットに入ってから動き出すくらいの感覚で良い。

　二塁ベースカバーについては、最初はシャッフルで向かっていき、ボールが打者を通過してから足をクロスして素早く入る。一塁走者が走ったからと言ってすぐ二塁方向へ体を向けて走り出すと、打者がセカンド方向へ打ってきた場合に打球が簡単に抜けていってしまうからだ。またキャッチャーからの送球を受けるときは、二塁ベースを両足で跨いで待つこと。ベースの前に出ていると捕球後に腕を後ろへ持っていかなければならず、タッチするまでに時間がかかってしまう。ショートバウンドやハーフバウンドになったとしても、できるだけベースの真上で捕ることができれば、サッとグラブを落とすだけでロスなくタッチできる。

走者側の観点から言っても、野手がベースより前にいる場合は空いているスペースも見えるので「セーフになれるかもしれない」と思えるが、ベース上にいられるとすごくやりにくい。しかもベースを跨いで構えておくと、投球がワイルドピッチやパスボールになったとき、走者がその状況を見ていない場合だと必ずスライディングをしてくれる。ベースより前に出ていると、踏めるスペースが大きくなるのでそのまま三進もされやすいが、ベース上にいれば走者の動きを抑制することができるのだ。

　タッチの仕方にもポイントがある。グラブを縦に構えてスッと落とすのではなく、横に構えて腕を回しながら落とす。ヒザのクッションも使いながら、グラブの小指側をグッと捻ってヒジから落とすことで、タッチ自体が力強くなってスピードも出る。

【二盗でのベースカバーとタッチ】

盗塁を仕掛けられて二塁ベースカバーに入るときは、ベースを両足で跨いでキャッチャーからの送球を待つ。タイミングがギリギリの場合は左足から先に入り、ベースを跨いだ右足が着くのと同時に捕れば、右側に動いていく流れのままベースに入ることができるだろう。捕球についてはグラブを少し横にして構えておき、ボールを捕ったら腕を捻りながらサッと真下に落として走者にタッチする。腕の力だけでただ落とすよりは、ヒザのクッションも使いながら腕を回して落としたほうが、力強く素早いタッチになる。

ピックオフプレー

★普段から動いてエサを撒く

　ファーストが一塁ベースを離れてバントシフトを仕掛け、一塁走者が飛び出したタイミングを目掛けてセカンドが一塁ベースに入り、キャッチャーからの送球でアウトにするのがピックオフプレー。動き出しが早すぎると走者に警戒されてしまうので、いかに自然な動きでスッとベースに入っていけるかがポイントだ。と言っても、一塁までそれなりのスピードで走らなければ間に合わないので、気配を消すのは難しい。だから、何もないときでも動いたりしてエサを撒いておくこと。いつも動いていない人が急に動き始めたら、「何かある」と思われてしまう。ただし、明らかにピックオフプレーだと見せかけてから一塁ベースに入らないというのは、動きも大きいだけにリスクも伴う。一瞬だけ動いたように見せかけて、ススッと早めにポジションへ戻るくらいがちょうど良い。

　さらに盗塁と同様、ベースを跨いで構えることが大事。ベースの前に出ると追いタッチになるし、走塁妨害と判定されてしまう可能性もある。なお、スムーズに一塁ベースに入るためにも、ベースの位置を見なくても足を合わせられるようにしておくこと。残り2メートルくらいのところまでくれば、あとは自然な流れに任せても両足で跨げるように感覚を養っておくことが必要だ。

バスターとエンドラン

★ギリギリまでヒッティングに対応できるように

　セカンドは常にバントのことを頭に入れて守備に就くもの。したがって、バントをされたときにギリギリでも一塁ベースカバーに間に合う位置にいなければならず、その中でヒッティングに対応していくしかない。ということは、バスターをされてもそんなに焦る必要はない。バントの構えを見せながらバットを引いてきた場合は、打球が来るまでに時間がかかるのでゆっくり構えておく。あとはそこから再びバントの構えになったとき、ベースカバーに遅れないようにすることだけ考えておけばいいだろう。

　セカンドを守る場合は、まず自分がどの位置にいればベースカバーに入れるかを知っておくことが大切だ。「よし、一塁でアウトだ」と思ったところで一塁ベースが空いていると、チーム全体にもガッカリ感を与えてしまう。だからと言って、一塁ベースカバーへの動き出しが早すぎると、今度は打球がセカンドの守備範囲を抜けてしまう。だからこそ最低限、ベースカバーに入れる範囲の中でギリギリまでヒッティングに対応することが求められる。

　これは二塁ベースカバーについても同じことが言える。一塁走者が走ったことで「盗塁だ」と思って1歩目をすぐ切ってしまうと、打者にエンドランを仕掛けられたときに体の横1メートルを簡単に抜かれてしまう。だから最初はシャッフルをするのであって、ボールがキャッチャーミットに入ってから二塁ベースへ動いても間に合う位置にいればいいわけだ。二塁ベースから遠く離れて深く守り、いくら強いヒット性の打球を何本も捕れたとしても、エンドランに対応できず普通のセカンドゴロをヒットにしてしまうのであれば、それは適正な守備位置とは言えない。

　二塁ベースへ入るのに時間がかかるというのであれば、最初から
その分だけ二塁ベースに寄っておいて、ヒッティングをしてきたら
打球に反応する。そのほうが結果的に、エンドランにおける守備範
囲も広くなる。

★二塁への送球は目の前の一塁走者から判断

　さて、エンドランで打球が飛んできたときには、無理にアウトを
2つ取ろうと考えなくて良い。「あわよくばゲッツーを取れるかも
しれない」という邪念が入ると失敗も増えるので、送りバントと同
じように「一塁で1つアウトを取ればいい」と考えておく。
　基本的にエンドランを仕掛けられてゴロを転がされた場合、二塁
はセーフだ。走者が走ったからと言って自分もそのスピードを意識
してプレーしようとすると、焦りが出てしまう。二塁へ送球しても
いいのは速い打球を捕った後、一塁走者のスタートとスピード感を
見て「これならまだ間に合う」と感じたときのみ。自分の前を走者
が走るわけだから気にはなるかもしれないが、むしろ「走者が自分
の前を通過した後にボールを捕ったのであれば二塁は間に合わない
な」などと判断の基準にしてしまえばいい。要は、通常よりも少し
前に走者がいるという感覚だけ持ちながら、いつも通りに守ればい
いということだ。

　もちろん、どうしても1点を与えたくないという状況で一死一・
三塁、一塁走者とのエンドランを仕掛けられた場合などは、タイミ
ングがギリギリでも一か八かゲッツーを狙うことはある。だが精神
的な負担を考えても、基本的には「うまく転がされたのだから仕方
ない」と割り切って、堅実にアウトを1つ狙っていくほうがいい。
　たとえば9回で2点をリードしていて一死一塁。ここでエンドラ
ンの打球が一・二塁間に転がってきたとしたら、セカンドが上手く
投げれば二塁でアウトが取れる状況であったとしても、「2点の余裕

があるんだから、二死二塁になって一打で1点を取られてもまだ大丈夫」と考えて、確実に一塁へ送球する。そもそも、かなりスムーズにプレーが進まないとゲッツーというのは成立しないものなのだ。常にそうやって心の余裕を持っておくと、プレーも安定するだろう。

　ちなみにショートの場合はいったん二塁へ送球してゲッツーを狙い、ダメでも一塁アウトというチャレンジができる。二塁送球も一塁送球も体の左側への送球であり、どちらにしても捕球後にはスムーズに投げられるからだ。しかしセカンドは二塁送球と一塁送球で方向が逆であり、両方を天秤にかけるのは難しい。二塁送球に少しでもロスがあるとオールセーフにしてしまう可能性も出てくるので、二塁をスパッとあきらめる決断も大事になる。

三塁送球と本塁送球

★前方へのダッシュを意識しておく

　プロの場合、走者二塁ではわりと守備位置が深いため、セカンドゴロが来て三塁へ送球することはなかなかない。ただ、あるとすればピッチャーが打席に立ち、浅めに守っていて強烈なセカンドゴロが来たというケースだろう。走者を三塁で刺すためにはスタートダッシュが大事。最初の数歩でどれだけ打球との距離を詰められるかがカギを握っている。

　そして、スローイングの精度も重要。ピンポイントで投げないとアウトにできず、一塁で確実にアウトを1つ取ったほうが良かったということにもなってしまう。そういう意味では、その大きなリスクに打ち克つ精神力も問われる。

　本塁送球についてもやはりダッシュが重要だが、特にコリジョンルールが導入されてからはキャッチャーが走路を空けておかなければならなくなったので、やや微妙なタイミングでも三塁走者が強引

に突っ込んでくるケースが増えている。だからこそ三塁走者がいる
ケースでは、内野手は常にバックホームを意識する。実際に走るか
どうかはさておき、まずは前に出ていって、走者の動きを見て「走
っていないな。じゃあ一塁でいいや」と切り替える。そして走者が
走ってきた場合には、とにかく捕ってからすぐ投げることに集中し
なければならない。

　近年は三塁走者のギャンブルスタートなども浸透してきたため、
特に前へ出ることを意識することが必要だ。打者のファウルなどを
見れば走者の動きも分かるが、初球などはギャンブルスタートを仕
掛けてくるのかどうかがまったく分からないので、すべて前にダッ
シュするつもりでいなければならない。そして捕ってから素早く投

【三塁送球と本塁送球】

フォアハンド

バックハンド

げるためには、できれば正面の打球であってもバックハンドで捕れると理想的。ボールを捕る時点で体が右側に向いており、いったん後ろへ入れる作業をせずにスローイングのトップを作れるからだ。

　内野手にとって走者三塁というのは、二死であってもかなりのプレッシャーがかかるものだ。１つのミスも許されない上に、グラウンドが土の球場だったら足元が荒れてデコボコにもなっているだろうし、余計にゴロ処理の難易度も上がる。同点の９回裏、二死三塁からサヨナラエラーをしようものなら、悔やんでも悔やみ切れない。だからこそ、攻撃側は二死になってもいいから走者二塁よりも走者三塁を作りたいわけで、そういう場面でいかに淡々とプレーをこなせるかというのも内野手の評価の１つになってくるだろう。

三塁送球や本塁送球で走者をアウトにするためには、ゴロが転がった瞬間にいかに打球との距離を詰められるか。また、いかにピンポイントで送球できるか。だからスタートダッシュの脚力や反応スピード、そしてスローイングの安定感と度胸が問われる。捕ってから素早く投げるという意味では、可能であればバックハンドで捕るほうが良い。そうすると捕球した時点で体が右側へ向くため、体を後ろへ入れる動作を省くことができる。ただいずれにしても、しっかりとステップして投げることは大事だ。

走者一・三塁の重盗

★キャッチャーの送球に集中しながら他に目を配る

　走者一・三塁の場面では、一塁走者が走ることでキャッチャーからの送球を促し、その間に三塁走者が本塁を陥れるという重盗を仕掛けられることもある。アマチュアの場合はセカンドが二塁ベースの前に入り、送球をカットするかスルーするかを決めて対処することが多いが、プロの場合は基本的に打球に備えて守備位置を深くしておかなければならないため、セカンドがベースの前に入ることはできない。したがって通常の盗塁のときと同様、二遊間のどちらが二塁ベースに入るかを事前に決めておいて、もう一方は打球の処理を重視する。

　二塁ベースカバーに入るときは、三塁走者の動きを常に感じていなければならない。三塁走者が走ったと思ったら、二塁ベースに入りながらもすぐに送球を捕って本塁へ転送。もしくは三塁走者が走っていたとしても、二死の状況で一塁走者をアウトにするほうが早いのであれば、そちらを選択する。すべてを自分で判断しなければならないので、キャッチャーからの送球に集中しながらもいろいろなところへ目を配っておく必要がある。

　ただプロ野球で言うと、三塁走者が走ってきたときにどうしても本塁生還を阻止したいのであれば、ベンチから「ピッチャーが送球をカットしろ」という指示が出る。だから実際のところ、私が一・三塁の重盗の場面で本塁へ投げたのは数少ない。そもそも、コリジョンルールが導入されて以降は三塁走者が生還しやすくなったので、一塁走者が走ったとしてもキャッチャーは二塁送球であまり勝負をせず、あえてノースローで二盗を許すケースも多くなっている。

　それでもやはり、内野手であれば走者の動きを敏感に察知できる

だけの視野の広さを持っておいてほしいし、相手が奇襲作戦を仕掛けてきそうな雰囲気も感じてほしい。重盗ではなくても一塁走者がわざと飛び出し、挟殺プレーの間に三塁走者が本塁を狙うというプレーもよくある。ここには当然、セカンドもよく絡む。私の現役時代は幸いにも脚力に自信があるほうだったので、たとえば二死一・三塁から走者が挟殺プレーを促してきたときには、「三塁走者があの位置から本塁へ行くのと、自分が一塁走者を追いかけてタッチするのとではどちらが早いか」とスピードを計算していた。ちなみに、その多くは一塁走者にタッチするほうが早かったのだが、もちろん無死や一塁で１点を防ぎたい場面では三塁走者を優先していたし、「このタイミングで本塁へ投げなければアウトにできない」というときにはやはり本塁へ投げていた。

　当たり前のことだが、一塁走者と三塁走者を比較したら後者を重視することは大前提。最悪、三塁走者に戻られて二・三塁になったとしても、目の前の失点を防いだことを考えればむしろオッケー。どちらも中途半端に追った結果、三塁走者の本塁生還を許して一塁走者もセーフということだけは困るので、割り切って考えるほうが良い。

内野フライ

★帽子のツバを基準に落下点を測る

　フライの処理で難しいのは自分の体の後ろに上がったときなので、全体的に後ろにいる人が捕ってあげたほうが良い。したがって、一塁ベースの後方あたりのフライは基本的にセカンドの守備範囲だ。そして二遊間に上がったフライはお互いに声を掛け合い、自分よりも後方のフライは追いかけながら外野手の指示を待つ。

　いわゆる内外野の"間フライ"を内野手が落としたり、またお見

合いをしたりするシーンはプロでも見るが、打球の質としてはこれが一番難しい。外野フライは基本的に外野手がボールを自分の体の前に置けるのに対し、内野フライは内野手の真上に上がるので、距離感が分かりにくいのだ。

　フライ捕球のコツをつかんだのは、ある年のオールスターゲームのとき。私はもともと高いフライを苦手としていたのだが、全セで一緒になったヤクルト（当時）の宮本慎也さんが「帽子のツバを使えばいいんだよ」と教えてくれた。その試合でちょうど内野フライが上がって、パッと上を向くと帽子のツバが見えた。イメージしないとなかなか気付かないが、視界には常に帽子のツバが入っているもの。これを意識しながら、ツバから先にボールが消えないように移動する。つまり、ボールが消えたら後ろに行ったということであり、ボールが消えなければ最終的には自分の体よりも前に必ず落ちてくるということだ。そして、ちょうどツバの少し手前の延長線上にボールを置くようにして自分が前後左右に動けば、その位置に必ずボールは落ちてくる。

　内野フライでミスが起こりやすいのは、自分が思ったよりもボールが後ろに行ったときであって、落下地点さえ自分より前と分かればプロであれば捕れるのだ。

　今までなぜ気付かなかったんだと思うくらい、私にとっては画期的な出来事だった。この感覚をつかんでからはフライが得意になり、屋外のナイターだろうと屋根の高いドーム球場だろうと、どんなフライでも自信を持って捕れるようになった。ファーストフライもショートフライも広くカバーできるようになったし、後方のフライでも帽子のツバを基準にして追っていって、外野から声がかかったら身を引けばいいだけ。

　フライが苦手だったときは首を大きく動かしながらボールを見上げてフラフラとしてしまっていたので、首の角度を変えずに自分が動くことでボールの位置を調整しながら落下地点で待っていればい

いんだと気付けたのは大きかった。

　内野フライというのは、プロの選手であっても意外と苦手な人が多い。風の影響を受けてフラフラしてしまうケースもよくあるが、そういう人はぜひ帽子のツバを使って捕ることを試してみてほしい。発想を1つ変えるだけで、一気に気持ちが楽になると思う。

▲帽子のツバを基準にフライの落下地点を測ることで、フライに対する不安がなくなった

中継プレー

★外野手の捕球姿勢でカットの位置を判断

　右中間やライト線に打球が飛んだ場合、セカンドはカットマンとして外野手を追いかけ、中継プレーを行う。ここで大事になるのは、外野手の体勢によって距離を決めること。フェンスまで届くような打球で、外野手がしゃがんでボールを捕って振り向いて投げるようなケースでは、送球のズレも生まれやすいため、深くまで追いかけて近くまで距離を詰めてあげないといけない。逆に体勢が良く、やや回り込みながらでも外野手が打球の後ろから入っていけるようなケースでは、とにかく長い距離を投げさせてあげたほうが良い。

　また、プロの場合は大きな声を出しても歓声などに掻き消されてしまうが、アマチュアの場合は聞こえる可能性もある。だからとにかく声を出して、外野手に自分の居場所を教えてあげること。そして正面を向いて的を作り、両手を上げて構えを大きく見せてあげること。「だいたいこの辺でいいよ」というアバウトな感じで待っておくと、外野手は投げやすい。

　さらにボールが来たときの動きとしては、最初は正面を向いているが、「この辺に来るな」と分かったら捕球しながら体を横にしてステップ。捕ってからステップしようとする人もいるが、ある程度の距離があって送球の軌道は分かるわけで、右足に合わせながら体を横に向けておくと良い。捕球の直前には左足を着いて少し跳ねるようにし、「右→左」という送球のステップに合わせながら捕球して握り替えると、素早くボールを転送できる。

　ラインの取り方は、外野手の位置から投げる場所までを結ぶ直線よりも少しだけ右側にずれること。上から見て逆「く」の字になるようなイメージでグラブ側のスペースを少しだけ空けておくことで、

外野手からの送球がちょうど真っすぐのラインに乗るし、またカットマンの動きとしてもスムーズになりやすい。外野手の球質がシュート回転するタイプならば、さらに少し右寄りに位置しておくと、ちょうど真っすぐのラインに送球が来やすくなる。

　中継プレーのカギを握っているのは二遊間だ。外野手はとにかく素早く的に向かって強いボールを投げればいいので、カットマンがいかにそれを調整できるかが重要になる。たとえば外野を深々と破った打球などの場合は二遊間が2枚とも入る「トレーラー」を駆使するが、前後に並んだセカンドとショートが送球をどう処理するか、素早く判断しなければならない。

　基本的に前の選手はすべての送球を処理するつもりで構え、ストライク送球はもちろん、ショートバウンドでもハーフバウンドでも、よほど難しいかよほどラインがずれていない限りは自分で捕りにいく。そして後ろの選手は前の選手が送球をスルーしたり、弾いたりした場合にカバーする役目。どんなにいい送球であっても油断せず、常に「前の選手が捕らないかもしれない」とイメージして待っておくことが大切だ。

【中継プレー】

　中継プレーに入る際の動きとしては、まずラインに対して真っすぐ入るのではなく、少しだけ右側にずれること。逆「く」の字になるイメージでグラブ側のスペースを少し空けておくと、外野手の送球がちょうど真っすぐのラインに乗り、なおかつ自分もカットマンとして動きやすくなる。そしてまずは外野手に正面を向けて的を大きく見せ、ボールが来たら横を向きながら「右→左」という足のステップに合わせて捕って投げる。足でしっかりとステップすれば、外野手の送球の勢いを利用して転送することができる。送球がショートバウンドになりそうな場合なども、早めに準備してグラブを下から出すことができれば、そのまま勢い良く投げられる。

第4章

実戦でのポジショニングと守備隊形

セカンドに来る打球の質

★右打者と左打者、さらにタイプによって違う

　セカンドとショートの定位置というのは基本的に打者までの距離感が同じだが、打球の質は微妙に違う。ショートを守ったときに気付いたのは、打者が引っ張りながら打ったときのライナーの違い。右打者はバットをしっかり振り切ってから一塁へ走り出すため、右打者のショートライナーには強烈な打球が多く、ドライブ回転が掛かりやすい。

　一方、左打者は一塁に近い分、しっかり振り切る前にそのまま走り出す傾向にある。また、少し体を逃がしながらボールにバットをちょこんと当てていくタイプの打者もいる。したがって左打者のセカンドライナーはスライス回転が掛かりやすく、バウンド後に打球がしっかり減速してくれるので処理しやすいのだ。

　ただ、普段からそういう打球に慣れているからこそ、スラッガータイプの左打者のセカンドライナーはさばくのが難しい。たとえば、巨人やメジャー・リーグで活躍された松井秀喜さんの打球などは強烈だった。その場でしっかり振り切ってスイングが完了してから走り出す上、あれだけの強打者なので、スピード感や重さが他の左打者とはまったく違う。どちらかと言えば、回転の質などは右打者のショートライナーに似ていた。

　その他で嫌だったのは、右打者が一・二塁間を狙って打ったセカンドゴロ。特に打者が意識的にトップスピン（順回転）を掛けている場合は、バウンドしてもなかなか減速せずポンポンと跳ねていくので、打球に追いつくのが難しかった。もちろん、左打者でもトップスピンで強い打球を打つタイプは守りにくく、だから高い打率を残せるのだと思う。今で言うと、福岡ソフトバンクホークスの柳田

悠岐選手などはその典型だろう。

　私はよく一塁走者として次打者の井端さんのセカンドゴロなどを見てきたが、やはりスライス回転が掛かるようにバットで滑らせて打つのではなく、右方向を狙ってバットを少しかぶせていくような打ち方をしていた。打球が目の前を通過するのでトップスピンが掛かっているのはよく分かったが、同じ右打者として「こういう打ち方をすると生きた打球として外野へ抜けていくのだな」と思ったものだ。

　同じように一・二塁間を狙って打ってきたのが、現役時代のアレックス・ラミレス選手（現・横浜DeNA監督）。私は一般的なセカンドの定位置よりも二遊間寄りに守ることが多かったのだが、彼はそれを理解し、ホームランよりもチャンスを広げることが求められている場面では右方向を狙ってきた。そしてヒットになると、一塁ベース上から私のほうを見てニコッと笑う。そういう賢い打撃もできたからこそ、打率が残っていたのだと思う。

★セーフティーバントのある打者は守りづらい

　それと内野手として非常に守りにくいのは、バットの角度が分からない打者だ。こちらからすれば打者を見て「こういうタイプのスイングだったらこの辺に打球が来るだろう」と予測を立てているものなのだが、引っ張りそうだなと思ったら追っ付けたり、そうかと思えば手首を返して引っ掛けるように打ったりと、腕や手首を器用に使われると判断が難しい。打順で言うと一・二番を打つ選手に多く、井端さんなどはまさにそうだった。

　あとは何をしてくるか分からないタイプ。石井琢朗さん（現・巨人コーチ）などはセーフティーバントもあればヒットもよく打ち、それでいて長打も多かったので守りにくかった。現役選手だと巨人の丸佳浩選手などは穴が少ない上に、昨年のクライマックスシリー

ズでは意表を突くセーフティーバントも見せている。セカンドとして最も警戒するのは、セーフティーバントをしてくる可能性がある打者。そもそもピッチャーが投球動作に入ったら、まずは少し前に出ながら「バントの構えをするかな」と様子を見て、「ない」と分かって初めて通常の守備の姿勢に入るのがセカンド。そしてバントをされた場合には自分で捕るのか、一塁ベースカバーに入るのか、バックアップに入るのか、すべての動きを頭に入れておかなければならないわけで、セーフティーバントの可能性がある打者には常に気を張って緊張感を持っておくことが必要なのだ。

　ちなみにピッチャーが1試合で120球を投げるとしたら、120球すべてに対して集中しておかなければならないのが内野手だ。「もしかしたら…」と考えられることはすべて想定し、1年に1回あるかないかというプレーであっても、必ずケアしておくこと。いざというときに自分の不注意でセーフにさせてしまうことだけは絶対に避けなければならない。

ポジショニングの考え方

★好投手であるほど打球はセンターラインに集まる

　先ほども言ったが私は現役時代、基本的には二遊間寄りに守っていた。そして、一・二塁間によく打つ左打者の場合でもそれは変えなかった。なぜかと言うと、一・二塁間を抜かれるということは気持ちよく引っ張られているわけで、ピッチャーが甘い球を投げたということ。下手したらホームランになっていてもおかしくないケースなのだ。つまり、ヒットになった原因はセカンドのポジショニングが悪かったからではなく、ピッチャーのコントロールが甘かったから。もしもキャッチャーの要求通りにしっかりと投げ切ってある

程度のところへ行ったのであれば、打者がセンター返しをして打球もセンターライン寄りに来るもの。それをアウトにできるように準備しておいたほうが確率は高いので、ピッチャーにはあらかじめ「一・二塁間を抜かれた場合は打たれたピッチャーの責任だ」と伝えていた。

　ポジショニングを取るときというのは、そうやって「打たれたら仕方ない」と割り切って考えなければならない。そもそもすべての打球をカバーしてアウトにすることなどあり得ないのに、ピッチャーが投げ切れなかったときのことまで想定していたら、どっちつかずで動けなくなり、思い切って守ることができない。中途半端な考え方で動いてしまうのであればむしろ、ずっと定位置にいて無難に守っていたほうがまだ良いだろう。
　幸いにも私は好投手たちの後ろでずっと守らせてもらってきたが、実体験としてもやはり、ピッチャーがいい球をいいコースに投げ切ればセンターラインに打球が飛んできやすいのだと感じることができた。たとえば9回1点リードの状況であれば、普通はファーストとサードが長打を防ぐためにライン際を締めるものだが、守護神の岩瀬さんなどは「ライン際を抜かれたら自分のせいだから空けておいてほしい」と言っていたため、ファーストは一・二塁間、サードは三遊間に寄っていた。そして二遊間にも「センターラインに寄ってほしい。間を抜かれたら自分のせいだ」と。しっかりと投げ切ればその範囲に打球が飛ぶことを理解していたわけだ。
　さらにキャッチャーの谷繁元信さん（元・中日監督）も「その位置でいい」と言っていたため、私は一・二塁間に寄ることがほとんどなかった。計算できるピッチャーがいたから守れたという部分もあるが、飛んでくる確率がより高い場所に守るのがポジショニングなのだ。

★自分の野球観を大切に

　実は、ポジショニングに関しては苦い記憶がある。

　2008年の北京オリンピック準決勝の韓国戦。２対１とリードして迎えた７回裏の守備、二死一・二塁でセカンドを守っていた私はセオリー通りにセンターラインを締めた。心の中では「どう考えてもこの打者は一・二塁間に打ちそうな気がするんだよなぁ」と思っていたのだが、日の丸を背負っている中でセオリーに反して守って失敗したときのリスクの大きさを考え、セオリーに従うことにしたのだ。しかし、実際に打球が来たのは一・二塁間。ダイビングを試みたがほんの少し届かず、グラブからわずか50センチほど先をスーッと抜けていった。

　結果的にこのタイムリーヒットで同点に追いつかれ、８回裏に４点を奪われて２対６で日本は敗戦。もちろん、無難に守っていた私が周りから責められることはなかったのだが、このときの悔しさはずっと心に残っている。好きな野球をやらせてもらっている中で、最後はやはり自分の思い通りにやらないとものすごく後悔する。まして、それでメダル獲得を逃したわけだから自分で自分を責めたし、ショックは本当に大きかった。

　だからこそ今、若手の野手に対しては、セオリーに反したポジショニングを取って逆にセオリー通りの打球が来て抜かれたとしても、責めないようにしている。自分の中に何か理由があって守ったのであれば、それで構わないのだと。自分の存在価値というのは自分の思い通りに守ったときになって初めて出てくるものであって、常に決められた通り機械的に守るのであれば、誰が守っても一緒だということになってしまう。

　捕って投げるのが上手い選手をただ揃えれば守備が堅くなるというわけではなく、やはり各選手がいかに野球観を持っているかが大事だと思う。

ポジショニングを覚えるためには、実戦で何度も経験を積んでい
くこと。アマチュアの場合、一発勝負の公式戦でいきなり守備位置
を動かしてみるというのはなかなか難しいが、練習試合や紅白戦、
試合形式の練習などでは思い切って2〜3メートルほど動いてみて
も良いと思う。いつも無難な位置に守っていると大きなミスは起こ
らないかもしれないが、守備位置を微調整する感覚は養われない。
失敗というのは必ず記憶に残るものであり、「この前はこっちに寄
ったけど打球は逆に行ったな」などと考えて、今度は同じ失敗を繰
り返さないようにしながら守ればいい。そうやって成功体験と失敗
体験を積み重ねていくことで、どう動いていいのかという判断基準
ができてくるのだ。

　ポジショニングを変えるときにはもちろん、自分の中でハッキリ
とした理由を持つことが大事。ただ「この打者は直球で2ストライ
クまでポンポンと追い込まれていて、タイミングが合っていなかっ
たのでこっちに打球が来ると思った」などと説明できるのであれば、
本人が反省を次につなげればいいだけの話なので、たとえ間違って
いても指導者は責めないでほしいと思う。

▶実戦での経験を積ん
でポジショニングをつ
かんでいくことが大事

ポジショニングを
変えるポイント

★「前後」は打者の走力とバントの駆け引き

　ポジショニングはマウンドにいるピッチャーの左右や投げ方、球質、その日の調子などを踏まえながら、最終的には打者のスイングの仕方とタイミングの良し悪しに当てはめて判断するもの。同じ対戦であっても「前回はこうだったけど今回はこうだな」と感じるものがあれば、その都度変わっていく。

　基本的な考え方で言うと「前後」の動きを決める基準は、打者の左右と足が速いか遅いか。セカンド前方へのゴロをアウトにすることが前提なので、スピードがある打者であればやや前に出て守らなければならないし、打者があまり速くないのであれば少し後ろの位置で守れる。また右打者よりも左打者のほうが一塁に近いため、やはり少し前に出る意識が必要だ。

　さらにピッチャーが打者の手元で動くようなボールを投げる場合は、ボテボテの打球が増えるのでポジショニングは前。また、2ストライクに追い込んだ後でちょこんと当てにくるタイプの打者と対戦するときも、やはり少し前に出る。

　ところで「前を守る」と言っても方法はさまざまで、実際に前に出ておくこともあれば、意識だけを前に向けておくこともある。また前に守っているのが打者から分かるくらいまであえて極端に出ておいて、バントをさせないようにするというのも1つ。本当に足が速い打者の場合はバントをさせた時点でセーフになる可能性が高まるので、そもそも企画させないことが大事になる。

　さらには、あえて後ろに守ることで打者に「セカンド前にバント

したらセーフになる」と思わせてバントを促し、ピッチャーが投げる瞬間にスススッと前に出てアウトにするというのも駆け引きの１つ。セカンドの前後の動きは打者からも見えやすく、遠くにいたり二遊間寄りにいたりすると、打者は「セーフティーバントをしてみようかな」と思うものだ。

★ 「左右」の基準は配球や打球傾向

　一方、「左右」の動きを決める基準は、ピッチャーの投げる球種や打者の打球の傾向。たとえば「ここは確実に変化球だろうな」というタイミングで「この左打者は変化球なら一・二塁間へ引っ張る」といった傾向が出ていれば、あらかじめ一・二塁間方向に少し寄っておく。球種とコースに対して、その打者がどういう打球を打つ傾向にあるかを踏まえて判断するわけだ。

　ただし、キャッチャーのサインが出てから大きく動いているようでは遅く、打者に「セカンドがこっちに動いたから外角直球かな」などと悟られてしまう。だから私が若い頃などは、基本的には通常よりも後ろの位置で構えておいて、ピッチャーが投球動作に入るタイミングでスススッと前に出て、本来の守備位置に行くというクセをつけていた。前に出ながら少し右に行くのか、そのまま真っすぐ行くのか、少し左に行くのか、角度を変えることでポジションの「左右」を調節するのだ。

　こうしておけば、打者にはポジションを悟られにくい。特にセーフティーバントが考えられる打者の場合などは、二遊間寄りに打球が行きそうだったとしてもただ右側に寄るだけだと打者との距離が遠くなり、セーフティーバントの成功率を高めてしまう。だからこそ最初は後ろの位置にいて、「バントはない」と判断できたところから右斜め前に入っていた。

　さらに経験を積んでいくと、キャッチャーが投球を捕った時点ですでに次の球を自分でイメージできるようになってきたので、最初

から本来守る位置の真後ろに入っておいて、真っすぐ前に出ればいいだけという状態を作れるようになった。

　なお、谷繁さんがキャッチャーのときは配球の意図も理解できていたが、若手のキャッチャーのときなどは、最初のうちは噛み合わない。そこで、「次はこの球を投げさせたほうがいい」ということを気付かせるために、あえて思い切りポジショニングを動かしてアピールしたりもしていた。武山真吾選手（現・中日二軍バッテリーコーチ）などは「荒木さん、あっちに寄ったということはこの球を投げさせろっていうことですよね」と察してくれたが、そういう余裕が野手陣全体に出てくると、守備にも深みが出てくると思う。

打者の動きを観察する

★細かい情報収集をして導き出す

　内野手にとって、打者の特徴を観察することはものすごく大事。たとえば「バットが外から入ってくる打者はこういう直球が行ったときにこういう打球を打つ」というふうに、何となく傾向を頭で理解するようになってくれば、ポジショニングを決める上ではかなりプラスになる。特にプロの場合は同じ対戦を何度も繰り返すので、次の試合にも生きることが多い。

　そして、実戦で重要になるのはタイミングだ。「この打者は直球にはちょっと差し込まれている」とか「自分のタイミングでしっかり振れているな」などと感じ取れれば、守備位置を動かしやすい。逆に困るのは初対戦の打者に対する初球だが、初球に打たれる場合というのはある程度タイミングが合っているものなので、基本的には会心の打球を打たれたときに飛んでくるだろうと予想されるところにいれば良い。

たとえば左打者が打席に立ったとすると、「もし初球に打たれたとしたら一番鋭い打球は一・二塁間寄りのこの辺りに来そうだな」と考え、まずはそこに守る。そして１球目に対する打者の反応を見た上で、「ちょっとタイミングが遅れているな」と思ったら少し二遊間寄りに動けばいいし、「タイミングが早く取れているな」と思ったら同じ位置でもう１球守ればいいだろう。

　そこから始めてポジショニングを突き詰めていくと、少しずついろいろな考え方ができるようになってくる。たとえば打者が投球のタイミングに遅れていたとしても、性格的にすぐ切り替えられるタイプであればタイミングの取り方を変えてくる可能性もある。ただバッテリーがそこに気付いて、逆に変化球でタイミングをずらそうとするかもしれない。そうなると気持ち良くスイングしても空振りだろうから、一・二塁間は捨てて二遊間寄りにいればいい…。そうやって、いろいろな要素を加味して考えるのがポジショニングだ。

★経験を積んで感性を磨く

　もちろん、あくまでも確率が高いと予想されるところに守っているだけであり、実際に打球がどこに飛んでくるのかは分からない。つまり、よほどのことがない限りは「絶対に間違っている」とも言えないわけだから、思い切って１〜２メートルほど動いてみてもらいたい。

　たとえば大型打者で「強く引っ張るタイプだな」と思ったら、左打者なら一・二塁間方向、右打者なら二遊間方向に大きく寄ってみる。また、やや非力なタイプで速球に差し込まれているのであれば、左打者なら二遊間方向、右打者なら一・二塁間方向に大きく寄ってみる。まずは駆け引きも考えず、オーソドックスに「右打者だからこっち」、「左打者だからこっち」という考え方で良いだろう。

　そして経験を重ねていきながら、同じ右打者、同じ左打者の中でも「内側からバットが出ていくタイプ」「強く引っ張って振り切る

タイプ」などと分類していく。そうやって細分化していくと、自分の中で「こういうタイプの打者はこういう傾向にある」というものが見えてくるはずだ。

これは決して言葉として表す必要もなく、経験値から来る直感で構わない。打者のタイプと言っても無限にあるわけではないので、初対戦の打者に対しても「あのときのこの打者と同じタイプかな」などと予測して当てはめていけばいい。

ちなみに守備位置から見えている打者の動きのイメージというのは、ベンチから見えている打者の動きのイメージと違うこともある。したがって、試合に出場せずベンチにいるときであっても、打者の特徴や打球が飛ぶ位置などを観察することはすごく大切。そこで新たな発見が生まれ、自分の守備に生きることも多いのだ。さらに、自チームの打者も同じような視点で見ておくと良い。

周りとのコミュニケーション

★キャッチャーの配球に気を配る

守備において、センターライン（キャッチャー、セカンド、ショート、センター）は特に重要なポジションだと言われる。その中でもポジショニングについてはまず、「この球をこの辺に打たせたい」といった配球を駆使することができ、なおかつ1人だけ逆方向を向いて全体を見渡せるキャッチャーがカギ。キャッチャーがコロコロ変わるというのは、チームにとってあまり良くないと思う。野手はキャッチャーの配球を踏まえて、「この打者に対してこういう入り方をしたということは、こういう感じで討ち取るイメージを持っているんだろうな」と予測した上でポジショニングを考えるもの。キャッチャーが変わるということはリードの仕方やリズム、そして配球の考え方も変わるわけで、ポジショニングもまた考え直さなけれ

ばならなくなってしまう。

　私の場合、現役時代はキャッチャーの谷繁さんにもだいぶ叱られた。守備位置を動かす指示を見落としたこともあったし、「どうして自分でそこに動こうとしないんだ」と指摘されたこともある。ただ、常にそういう厳しい目線があったからこそ、気を配る習慣がついていき、少しずつポジショニングもスムーズに取れるようになったのだと思う。そして最終的には、キャッチャーがピッチャーに返球しているときにはもう「次はこの球だろうな」と考え、キャッチャーのサインを見る前に次のポジショニングを予測して１～２歩移動できるようにもなった。

　内野手というのは、そうやって周りに気を配れるかどうかが勝負。そのためにも、セカンドは複雑な動きをすべて自然とできるように体に刷り込んでおく必要がある。試合になっても動き方を意識しているようでは、捕って投げることで精一杯になってしまう。ただし、周りのことを見すぎて自分のプレーが疎かになってしまうのは本末転倒。だからこそ選手同士で声をかけ合い、指示を聞きながらバランスを考えて守ることが大切になる。

★井端さんと二遊間を組めたことが財産

　そしてキャッチャーと同様、全体を見渡せるのがショートだ。二遊間にはグラウンドの中心からバランスを見てポジショニングを調整する役割があるが、セカンドの場合は本塁から一塁へ走る打者走者を意識すると当然、三遊間方向が視界に入らなくなる。だがショートは打者走者を意識していても体の向きが変わらないので、常にダイヤモンド全体を視界に入れて動くことができるのだ。したがって、セカンドはショートの指示も受けながらポジショニングの考え方を共有しておかなければならない。

　私の場合は幸い、ショートにも恵まれた。井端さんとコンビを組んだことで成長できたのは間違いないと思う。それこそ、若手のときは事あるごとにポジショニングのことを聞いたり、井端さんの守備位置を見て「なんであそこに守っているんだろう」と考えながら、そこに連動するように自分も動いていた。

　印象的だったのは、ある試合で阪神の赤星憲広選手を打席に迎えたとき。言わずと知れた日本を代表するスピードスターだが、センター前に抜けそうな打球が来て「抜けた」と思ったら、井端さんがそこに守っていて難なくアウトにしたということがある。そうかと思えば、次の打席では高いバウンドのゴロが三遊間へ。ところが「これはセーフだな」と私が感じたときにはもう井端さんがそこにいて、素早く捕って投げていた。「さっきは二遊間寄りにいたのに、今度は三遊間寄りにいるんだ…。どうしてだろう」。そんな疑問がどんどん湧いてくるので、私にとっては井端さんと守る毎日が勉強の場になっていた。

　特にコンビを組んで初めのうちは細かいポジショニングのことなどまったく分からなかったので、井端さんとはとにかくたくさん話した記憶がある。その日の試合展開を考えた上で、たとえば走者一塁であれば盗塁をされたときはどちらが二塁ベースカバーに入るのか。ゲッツーでの二塁ベースカバーも踏まえて、打者に対するポジショニングはどうするのか。当時の中日では１点を争う試合も多かったので、終盤には必ず「どこ守ります？」と意見を聞いていた。そうすると井端さんも「この打者は（右打者で）引っ張るタイプだけど、一・三塁を作られると嫌だから一・二塁間に寄っていいぞ。二塁ベースカバーは俺が入るから」などと、理由もつけて返してくれる。

　私が違う場所にいたときは、「もうちょっとこっちだな」とか「こっちに打球が行っている傾向にあるからこの辺かな」などと指摘もしてもらった。そうやって会話を重ねることで相手がどう考えてい

るのかを知り、自分の考えと擦り合わせていく。試合中に話をするのを良く思わない指導者もいるかもしれないが、二遊間の会話というのはものすごく大事なので、とにかくたくさん喋ることから始めたほうがいいと思う。

　マウンドに内野が集まってから散っていくときなども、普通は各ポジションへ一直線に戻っていくものだが、私と井端さんは二塁ベースの方向へ歩きながらギリギリまで話してポジショニングを確認し合い、そこから守備位置へ分かれるようにしていた。

　ただし最終的な話で言うと、二遊間の会話というのは邪魔な作業になる。私と井端さんの場合、もともと異常なほどまでに一緒にいて話をしていたため、「最近、荒木と井端が全然話さなくなった。仲が悪いんじゃないか」と言われたこともある。しかし、お互いが起こり得ることをちゃんと想定できているのであれば、わざわざコミュニケーションを取って確認する必要はない。むしろその時間に相手のベンチを見たり、味方のベンチを見たり、相手打者の仕草を見たり、ベースコーチから出るサインを見たり……。いろいろなものを観察しながら、より多くの情報を得ることができるのだ。最初はとにかく話し合いを重ねるのだが、お互いの考えが一致し始めたら、迷ったときだけパッと確認する程度で済むようになる。そうなって初めて、全体のバランスを見て守ることができる。そこに行き着くまでに時間がかかるものだからこそ、二遊間はできれば固定したほうがいいと思う。

▲井端（左）とは晩年はお互いの意図が通じ合い、会
話をせずともイメージを共有できていた

全体のバランスを見て
指示を出す

★全ポジションで共通認識が必要

　ポジショニングは試合に出なければなかなか覚えられないものであり、さらにはチームメートに野球をちゃんと分かっている人がいるかどうかもポイントだと思う。

　私の場合はキャッチャーの谷繁さんから指示が出たり、ショートの井端さんから「ファーストにもこういうふうに言っておいてよ」、「外野にも指示を出すんだぞ」などと言われたりしてきたことで、周りを見て守備全体のバランスまで意識できるようになっていった。

　パッと全体を見渡したとき、どこかにいびつ感のあるポジショニングというのは穴が大きくなるものだ。そして、それを見たキャッチャーや二遊間が違和感を察知したとしても、投球前にいちいち指示を出さなきゃいけないのであれば、その分だけ自分のプレーへの集中が削がれる。つまり、1人でも「何となく守っているだけ」という選手がいると、全体の守備力が落ちてしまう。

　したがって、まずはポジションを問わず、間違えてもいいので考えて動いてみることが大事。指示通りに守るばかりで考えずにやっていても進歩がないし、ましてプロの場合は戦う相手もプロなのだから、セオリー通りだと思い込ませて裏をかいてくる可能性だってある。そこに引っ掛からずに守るためにも、自分の中で常にハッキリとした根拠を持って動けるようにしておかなければならない。

　ポジショニングの全体のバランスを微調整するのは、二遊間の役目でもある。守備というのはすべてが連動するもの。内野が「絶対に1失点を阻止しよう」という布陣なのに、外野が「1点を取られて

も仕方ない」という布陣で守っているのは、間違いなくいびつだろう。だから二遊間は外野にも気を配り、状況を踏まえて指示を出す。たとえば走者二塁、ヒット1本で絶対に本塁へ返したくない場面だったとすると、外野手はバックホーム態勢で前に出てくる。ただセンターだけは本塁までの距離が遠いので、二遊間は基本的にセンターラインを締めるのがセオリー。しかしながら、ショートが打者の打球傾向やレフトの守備力をカバーする意味も考慮して三遊間に寄り、セカンドだけが二遊間を締めるというケースなどもある。このとき、センターが「セカンドの頭を越えてきそうだ」という理由で少しライト寄りにいるのであれば、それを修正して少しレフト寄りに守るように指示を出さなければならない。

　なぜかと言うと、セカンドがセンターラインに寄っているわけだから、ややライト寄りのセンターゴロが外野へ抜けていく可能性は低くなる。むしろショートが寄った分だけ、二遊間の間を抜けてくるゴロが来る確率のほうが高いので、そちらをケアしたほうが良いということだ。外野手は内野手の間を抜けてくる打球をイメージするのが基本。内外野の守備隊形のバランスを取れるようにするためにも、二遊間は普段から「こっちを空けるから打球が飛んだら頼む」などと外野手に声をかけているわけだ。

　また、二遊間はファーストやサードに指示を出すことも多い。セカンドの場合はファーストに声をかけることが多く、たとえば「打者がバントをしたら思い切って出ていいよ。ベースカバーに入れる準備はできているから」などと言っておくだけで、ファーストは迷わずにスタートを切ることができる。特に私の場合は外国人選手がファーストを守ることも多かったため、ジェスチャーなども駆使してできるだけコミュニケーションを取るようにしていた。

　ファーストとの連係プレーというのはわりとミスが多いもので、しかも失点につながりやすいイメージもある。だからこそ、積極的に声をかけることが大事だ。

さまざまな守備隊形

★相手の脚力を考慮してスローイングを判断

　ここまで説明してきたポジショニングはあくまでも個別で動いていくものだが、当然、チームとして守備隊形を決めて動くこともある。基本的に守備隊形は次の4つが挙げられる。

　　・定位置（走者なしのケース）
　　・ゲッツー態勢（一塁走者がいるケース）
　　・前進守備（三塁走者がいるケース）
　　・中間守備（走者一・三塁のケース）

　定位置というのは本来決まっているものだと思うが、どの指導者も明確に「この位置が基本だ」と教えてくれるわけではなく、非常に漠然としている。

　実際には人によって2～3メートルほどの違いがあるもので、たとえば私の場合は一般的なセカンドよりも二遊間方向に寄っている。ただ、じゃあそのせいで一・二塁間を抜かれやすかったのかと言えば、そんなことはない。鋭い打球でない限り、追いかければ何とか捕れるという自信もあったので、私の中ではその場所が定位置として染み込んでいった。

　また先述の通り、ピッチャーが甘いコースに投げて打者がしっかり振り切ったら打球は一・二塁間や三遊間に飛んでいき、厳しいコースに投げて打者がとらえたら打球はセンターラインに飛んでいく。これが基本的な打球傾向であり、私の場合はいいピッチャーの後ろで守ることが多かったので、センターラインを締めることが基本になった。

　アマチュアの場合はそこまでコントロールできるピッチャーも少

ないと思うので、やはり私よりも少し一・二塁間方向をケアすることになるだろう。それでも一塁と二塁のちょうど中間ではなく、やや二遊間寄りだとは思う。

　さらに打者走者の脚力も考えて、足が速ければ前、足が遅ければ後ろ。そして第1章で説明した「打球を追うイメージ」も踏まえながら、ボテボテの打球を捕ってアウトにできる範囲内の最も深い位置が「自分の定位置」だと考えれば良い。
　したがって、定位置は自分で探し出すもの。周りから「もっと前を守れ」とか「もっとこっちだ」と言われても、自分の能力や感覚とは合っていないかもしれないのだ。何度も実戦の中で挑戦し、どこまでなら後ろに行ってもアウトを取れるのか、どこよりも後ろに行ったらセーフになってしまうのか、境界線を見極めてもらいたい。

　続いてゲッツー態勢だが、サードゴロやショートゴロの場合は二塁でのベースワークをしなければならず、タイミング良く二塁ベースに入れる位置にいなければならないので、場所としては二塁ベース寄り。さらに、限られた時間の中で素早く一塁へ転送するために、少し前に出ておくことも大切。したがって、定位置よりも右斜め前にポジションを取るのが基本だ。
　これを前提として、あとは打者の打球傾向や足の速さを当てはめて微調整をするわけだが、ショートとの距離感にも気を付けなければならない。たとえば強く引っ張るタイプの右打者が打席に立ち、ショートが三遊間方向に寄るのであれば、セカンドはさらに二塁ベースに寄る。そうしないとポジショニングにいびつ感が出てしまうからだ。さらにこの場合、ピッチャーゴロでの二塁ベースカバーにはセカンドが入るほうがスムーズ。盗塁やエンドラン、ピッチャーゴロなどのときにはどちらが二塁ベースカバーに入るか、事前に決めておくこと。お互いが思いのままに動いてしまうと、守備に大きな穴が生まれてしまう。

前進守備は、三塁走者を重視してどうしても１点を取られたくないという場面で取る守備隊形だ。足を合わせて捕るような余裕はないので、内野手はどんな打球であっても前に出てボールを捕って素早く投げること。できればバックハンドで捕れると、両肩のラインが自然と本塁へ向くので投げやすくなる。

　プロの場合だと打球の鋭さなども考慮して、基本的には一塁と二塁を結んだライン上、一塁走者の走路上にいることが多く、なおかつ一・二塁間のちょうど真ん中あたりに位置する。ただし三塁走者の足がかなり速いとき、あるいは人工芝のグラウンドで走路だけが土になっているときなどは、あえて走路よりも前に出る。もちろん、本塁でアウトを取るためには脚力がモノを言うので、自分の脚力と三塁走者の走力を踏まえてもっと前に守ったほうがいいケースもあるだろう。

　最後に中間守備。これは走者一・三塁のケースで二塁ベースでのゲッツーを取りにいくか、もしくは本塁に送球して三塁走者の生還を防ぐか、打球によって判断するときに取る守備隊形で、一般的には二遊間がゲッツー態勢と前進守備の間あたりに位置している。

　ただしこの作戦、個人的にはあまりオススメできない。と言うのも、一般的には「速い打球なら二塁でのゲッツー、ボテボテなら本塁」と言われているが、ボテボテの打球が来た場合は前に出ていく時間も必要で、本塁へ投げてもセーフになる確率が高いのだ。しかも今の時代はコリジョンルールが導入されてキャッチャーのブロックが禁止されているので、中間守備を取っていたらほぼセーフ。それならばむしろ、思い切って前進守備に切り替えてしまったほうがいいし、二塁でのゲッツーの可能性を残すにしてもやはり、従来よりも前に出ていなければならないと思う。

　そう考えると、そもそも中間守備のポジショニングは「ゲッツー態勢と前進守備の間」では不十分だろう。本来の中間守備は前進守

備と同じように走路上にいるか、もしくは走路より少し前に出ておいて、さらにゲッツー態勢のときよりも二塁ベースに近い位置にいること。つまり、言葉で表すと「二塁ベース寄りの前進守備」という感覚だ。そしてセンターラインに来た打球だけは二塁でのゲッツーを狙い、それ以外の打球はすべて本塁へ送球する。そういうイメージを持っておくと、素早く判断してどちらにも対応できる。あとはピッチャーとサードにも協力してもらい、三塁けん制を入れて走者のリードやスタートを少し抑える工夫をすることも重要だ。

さまざまな守備隊系

荒木の
中間守備

一般的な
中間守備

定位置

前進守備

ゲッツー
態勢

第**5**章

二塁手の感性

いかにしてパズルの
ピースにハマるか

★捕球だけに集中してみる

　私の現役時代を振り返ったとき、ターニング・ポイントを1つ挙げるとすれば、落合博満さんが監督に就任してチームがセ・リーグ優勝を果たした2004年だろう。セカンドで全試合出場を果たし、初めてゴールデングラブ賞とベストナインを受賞した年。ここからプレーが上手く回り始め、私は攻守ともにグンと良い成績を残せるようになっていったわけだが、それまでにコツコツとやり続けてきた取り組みが土台となったことは間違いない。

　野球というのは、実はエスカレーターのように右肩上がりで徐々に上手くなるということはない。しかし不思議なもので、上手くならなくてもあきらめずにずっと辛抱しながら取り組みを続けていると、何かきっかけをつかんだ瞬間、エレベーターを上がるようにグンと一気に伸びていく。だからこそ、平坦な道や少しだけ上っている程度の道を進んでいるときにどれだけ頑張れるか。地道に努力を続けることはものすごく大事だと思う。

　私の場合で言うと、二軍にいた時代から守備ではとにかく毎日ノックを受け続け、打撃では毎晩のように打ち込んだ。そんな中、考え方を変えて取り組んだことが上達につながったという実感がある。

　守備であれば、漠然と捕って投げることをひたすら繰り返していたのだが、あるときふと「捕ることだけに集中してみよう」と思いついた。もちろん、捕って投げてボールがファーストに到達するまでが1つのプレーではある。ただ、送球のことばかり意識しすぎていると、捕球のレベルが上がらないということもよくある。実際、

捕ることだけに集中してノックを受けてみると、当然ながらそれまでよりも捕球できる範囲は広がり、グラブさばきの精度も高まる。そして、ここでようやく「じゃあ、この体勢から投げることを考えてみよう」と。そういう発想で取り組んだ結果、気付けば一段階、守備のレベルが上がっていた。

　一方の打撃においても、ただただ練習量をこなしているだけだとそのうち、何が良い打撃なのか、どの形が良いフォームなのか、というのが分からなくなってくる。そこで私が意識したのは、とにかくストレートだけをどんな打ち方でも構わないからバットの芯に当て続けようということ。そうやって「ストレートが来たら必ず芯でとらえられる」という技術だけをとことん追求しておけば、1試合に4打席回ってくるとして、相手がストレートでストライクを取るケースも2～3球はあるだろうから、少なくとも2本はヒットを打てるのではないか、と。単純な考えではあるが、そこからスタートして一軍でも結果を残せるようになったのだから、野球はやはり発想しだいで上手くなれるのだと思う。
　近年の野球界を見ていると、ある程度打てて、ある程度守れて、ある程度走れるという"三拍子"が揃った選手を育てていこうという風潮にある。しかし、実際のところは何がきっかけで試合に出られるようになるか分からないし、レギュラーになるための入り口はたくさんあると思う。選手の中にはとりわけ「打たないと試合で使ってもらえない」と思っている人が多いが、たとえば私のケースで言うと守備・走塁の入り口からスタートしている。一軍で少しずつ守備固めや代走で使ってもらえるようになり、タイミングよくもらった1打席でヒットを打って、そこから徐々にレギュラーになっていったのだ。

　一軍で試合に出ようと思ったら、すべてを万遍なくこなしていてもなかなかチャンスには恵まれない。すべてのレベルが中途半端に

なってしまうからだ。攻守走の三拍子がバランスよく整っていながらも特長がハッキリせず、思うように出場機会を得られていない選手というのも意外に多いだろう。

それよりも何か1つ、自分の得意なものを見つけて突き詰めたほうがチャンスは訪れやすい。野球というのはパズルのピースがたくさんあるスポーツだ。守備であれば9つのポジションごとに特性があるし、攻撃であれば打線の一番から九番まで、それぞれに役割がある。足が遅くてもホームランを打てればいいし、なかなか打てなくても足の速さを生かせればいい。すべてが同じピースだったら上手く形にはならないわけで、要は、自分がどのピースに一番近いのかを考えていけば良いのだ。一芸に秀でているのであれば、まずはそこからスタートして試合に起用される選手になることが近道ではないかと思う。

内野手の性格

★目配り気配りをする

野球では、ポジションごとに性格が違う部分も少なからずあると思う。自分のボールを投げ込むことに集中するのがピッチャー。全体を見渡して冷静に試合をコントロールするのがキャッチャー。あまり細かく考えずに思い切ってプレーするのが外野手。それに対して内野手というのは細かい部分にまで気を配り、あらゆることを予測して対処するもの。前・横・後ろと常に360度の方向に気を張っていなければならず、だからこそ、普段からいろいろなことを観察して感じ取れる選手でなければならない。

たとえば私の場合で言うと、まず試合が始まった初球では打者を含めた本塁付近の動きに集中するのだが、1球を投げるごとに見る

ところがどんどん増えていく。ベースコーチのサインを確認したり、味方のベンチが何か指示を出していないかチェックしたら、相手ベンチの会話の様子なども見る。走者が出たときなどは何も分からなくても相手のサインを見ることで、向こうからすれば「なんで見ているんだ」と嫌な気分になるものだ。またもちろん、その中で相手打者のスイングや仕草などもしっかりと見ておくこと。そして最後の最後、パッと後ろを振り返って外野手の位置を確認したら、キャッチャーのサインを見る。

　１球ごとにそれだけの準備を完了させなければならないので、内野手、特に二遊間には下を向いたり後ろを向いたりしているヒマなどない。常にチラチラ、キョロキョロといろいろなところを見る習慣が自然と染み込んでいるものであり、本塁に背中を向けながらポジションに戻ることなどもってのほか。内野手は視野が広い人間でなければ務まらない。

　逆に言えば、そういう二遊間がいるチームというのは守備がしっかりしている。何か変わったことがあったら「あれ、いつもと違う。おかしいぞ。何かあるんじゃないか」とすぐ気付けるので、常に落ち着いて対処できるわけだ。またセカンドについて細かく言うと、プロの場合は特にファーストに打撃力重視の外国人選手やスラッガータイプの日本人選手を置くことが多いため、彼らに守備の意識を持たせることも大事な役割の１つ。そういうタイプのファーストの前にバントをポンッとされてセーフになったり、ボテボテのゴロに対してファーストが中途半端に出すぎて一塁ベースががら空きになってセーフというケースも少なくない。したがって、セカンドは事あるごとに「バントあるかもよ」とか、「こういう打球の場合はこっちが出るから動かなくていいよ」と話しかける。やはり、目配りや気配りをして指示を出せる人間であることが大切なのだ。

セカンドの適性

★遊びの中でさまざまなスローイングを

　同じ内野手でも、ファースト・サードとセカンド・ショートでは適性に違いがある。ファーストやサードというのはまず、守備範囲の広さが要らない。とにかくボールを捕ることを重視し、足を止めて体を張ってでも止めてくれれば、あとはそこからステップして投げればいい。二遊間よりも前に守っているだけでなく、角度的にも打者が引っ張った強烈な打球が来やすいポジションなので、一連の動きの中で捕って投げなくてもいいのだ。だから「サードはできるけれどもショートはできない」という選手は意外と多い。逆にショートをやってきた選手は、わりとすんなりサードもこなすことができている。

　一方でセカンドやショートには守備範囲の広さが求められ、足を使って前後左右に動きながら一連の流れの中で対応することが大切。ショートは特にそれを完璧にこなさなければならず、だから身体能力の高い選手を置くことが多い。そして逆にセカンドが特殊なのは、必ずしも一連の流れで投げなくてはダメというわけではなく、ときには体でボールを止めて拾って投げるというプレーも必要だというところ。投げる距離が近い分、いろいろな動きができてどんな形からでも投げられる選手が向いていると思うし、最も型にハマらなくていいポジションだと思う。

　そう考えると、セカンドを守る選手には普段の練習や遊びの中でいろいろなことをやっておいてほしい。キャッチボールだけでなくクイックスローやランニングスロー、ジャンピングスロー。あるいは低い位置でボールを捕ったらそのまま握り替えてサイドスローやアンダースローで投げたり、捕ったところに足を持っていって投げたり。またトスやバックトス、グラブトスなども含め、引き出しを

広げておくことが大切だ。

　練習法にもさまざまなバリエーションがあるので、採り入れてみると良いだろう。たとえばバウンドをつけた正面のゴロを手で転がしてもらい、一方の足は軸にしてその場から動かさず、もう一方の足を前に出したり後ろに下げたりして捕球する練習。これを続けていくと腕だけで捕りにいくのではなく、自然とボールのところに足を持っていき、体の面とボールとの距離感を調節するようになる。そしてバウンドを合わせる感覚を養うことができる。あとは手でゴロを転がしてもらったりノックを打ってもらったりして、「必ずショートバウンドで捕る」という練習。そうするとショートバウンドで捕れるところを自分で探し、やはり自然と足を運ぶようになる。また試合ではバウンドが合わないまま捕らざるを得ないケースも出てくるので、あえてハーフバウンドなどで捕る練習も大事。腕に余計な力が入っていたらグラブさばきは難しくなるということを体感できるはずだ。

　いずれにしても、まずは形にとらわれず動き方を体で覚えてしまえばいい。体の使い方などを頭の中で考えながらやっているうちは、いざ試合になると思った通りに動けなくなる。とにかくアウトにすれば100点であり、どんなに見栄えが悪くても1アウトは1アウト。そして、その確率をより良くするために基本があるのだ。特にセカンドは形などに縛られないポジションなので、そうやって理解しておくのが良いと思う。

▲普段の練習や遊びの中で、いろいろな
スローイングをしておくことも必要

内野手としてのこだわり

★相手チームのセカンドに負けていられない

　私の現役時代の定位置は内野と外野の間に引かれている白い曲線の上（球場によっては芝生と土の切れ目）か、もしくは少し後ろ。それに比べると今の選手たちはだいぶ前のほうを守っている印象があるが、そんな中で広島の菊池選手などは他のセカンドよりも２メートルほど後ろを守っているのではないか。深く守れるということは、それだけダッシュ力に自信があるということなのだろう。

　そして私は、現役生活の後半などは菊池選手のおかげで守備を頑張れたと思っている。彼と一緒にセカンドを守るときのマツダスタジアムでの試合では、特に気合いが入った。広島のホームゲームだからビジターの私たちは先攻になるわけだが、１回裏の守りに就くとセカンドの守備範囲の土の部分に足跡がまったくついていない。菊池選手がその後ろの芝生の部分で深く守っているからだ。「これは負けていられない」と火が点き、私も芝生の部分を守った。本来、土の凸凹や芝生との切れ目でバウンドが変わることを考えたら、芝生のところに守るのは怖いものなのだが、セカンドとしての一種のプライドと言ってもいいかもしれない。

　そのほか、土のグラウンドで試合をするときなどは足跡で守備位置がハッキリと分かるので、「相手セカンドよりも前には守らないぞ」と思いながらやや後ろの位置にいたりもした。また、これはただ見栄を張っているわけではなく、相手のセカンドもそれに感化されてくれれば逆に味方の内野安打が増えるかもしれない、という駆け引きの意味もある。逆に私がかなり深く守っていることを知った相手が、それを利用しようとしてセカンド前にバントをしてくることもあったが、そういう雰囲気を察知したときはこっそり前に守ったりもしていた。ただやはり、ボテボテの打球で打者走者を一塁セ

ーフにしない範囲の中でどれだけギリギリまで深く守れるか、という部分には強いこだわりを持っていた。

　振り返ってみると、私がプロ入りした頃はショートの選手などもみな深く守っていたと思う。だから足の速い打者のボテボテのゴロはわりとセーフになることもあり、逆に今のショートはかなり前に守っているから、なかなかセーフにはならない。ただ、その分だけ守備範囲が狭くなっているとも感じる。浅く守っていれば追いつける打球も少なくなるわけだから当然、ミスもしにくいもの。本来なら横を抜かれてヒットになる打球に対し、守備位置を深くしてグラブが届いたからこそエラーになってしまうというケースもあるわけで、単純に失策数が少なくて守備率が高いからと言って、本当に守備力が突出している選手なのかどうかというのは測れない部分もあるだろう。

　また、ポジショニングのことを考えない選手にも同じことが言える。状況によって守備位置を変えるのではなく、ずっと定位置で守っていれば、無難に安定した守備ができるはず。ただ、じゃあ果たしてそれでチームを救う守備ができているのかというと、決してイコールにはならない。できるだけ深く守り、さまざまな予測をしてポジショニングを考え、その上で守備率が高いからこそ、本当に価値があるのだと思う。

　だから私はコーチになって以降、内野手には「エラーしてもいいからもう少しピッチャーのことを考えて守ってあげよう」と伝えている。自分のミスを減らすのはもちろん目指してほしいことだが、それ以上にチームの勝利といかに直結した守備ができるかどうか。二遊間でコンビを組んだ井端さんなどは守備位置も深かったし、普通に「あっ、抜かれた」と思った打球を何度も捕ってピッチャーを助けていた。そもそも内野手にエラーがつけば投手の自責点にはつながらないのだから、そのほうが試合も上手く回っていく。

また、やはり名手として知られる久慈照嘉さん（現・阪神コーチ）と組んだこともあったが、練習を見ているとほとんどバウンドが合わない。私が「何をしているんですか」と訊ねたら、久慈さんは「キレイに捕ろうと思ったって、練習だったらいくらだってできる。でも試合になったら合わないことが多いし、それでも捕ってアウトにしなきゃいけないんだから、そういう練習をしておかなきゃダメなんだ」と言っていた。そうやって、より質の高い守備を求めながら結果を残してきたからこそ、ピッチャーからの信頼を得ることができるのだと思う。

できるだけノックを
たくさん受ける

★「もう限界」を越えてからつかむ感覚

　守備力を高めるためには、量も質も大事。まずはノックをたくさん受けられる体力をつけることからスタートしたいものだ。そして練習をやり込んでいく中で、疲れてきて「もうどこにも力が入らない」という状態で行う守備練習こそ、一番上手くなるチャンス。すべての力が抜けているのでムダな動きをしようともしなくなり、自然な形で、なおかつしっかりと音を鳴らして捕れるようになる。

　実際、2019年の中日の秋季キャンプでは内野手に対してかなりの数のノックを打ったが、そこでも私は「疲れてきたらそのままダラダラした状態で受けてもらって構わない。変に頑張ろうとして1球ずつ力を入れることは止めてほしい」と伝えた。その結果、数人の選手が手応えをつかんだようで、「こんなに簡単にボールが捕れるのかという感覚になりました」と言ってくれた。そうやって自分にとって自然な形が分かったのであれば、次は元気なときから同じ

感覚で動けるようにやってみればいい。これを何度も積み重ねることによって、少しずつ守備の形ができてくる。

　近年は動画なども簡単に見られる時代になったので、上手い選手のマネをすることもしやすいと思う。ただ忘れてはいけないのは、目標とする選手のその形というのはあくまでも下積みがあった上でやっと辿り着いたものであって、いきなり形をマネするところから入ると、壁に当たったときにどうすればいいのかが分からなくなってしまうということ。だからこそ、まずは守備練習を積み重ねて自分で動き方の感覚をつかんでほしい。

　何度も言っているが、守備はひとまずアウトにすれば100点だ。そこに今まで練習してきた形が出てくれば素晴らしいのであって、逆に捕り方や投げ方のバランスがあまり良くない中でアウトにしたのであれば、いい形が自然と出てくるようになるまで練習で突き詰めていけばいい。最近は頭の中で考えすぎる選手も多いが、何も考えなくても動けるようにまず体の使い方を覚え込ませてしまえばいいのだ。

　口で言うのは簡単だが、ノックだったらトータル100時間くらいは受けなければ感覚というのはなかなか身につかない。私も特に落合さんが監督をしていた時代などは、秋も春もキャンプでとにかく苦しみながら練習を積んだ記憶がある。よく井端さんと２人でノックを受けたのだが、一番長いときで２時間弱ぶっ続けということがあった。しかもなぜかお互いにノックを受けたらポジションまで走って帰るようになり、インターバルが短いからすぐにまた打球が飛んでくる。たしか途中からは記憶も飛んでいたのではないか。ただ井端さんも体力があるから潰れないし、こちらも負けられないという一心でやり続けた。そうやって練習を重ねながら２〜３年ほどが経ったとき、ようやく自分の中で「この形で守ればいいんだな」という感覚が芽生えてきた。そこからは感覚を忘れないように１時間

ほどノックを受けるというスタイルになったが、それでもキャンプ中は毎日必ずノックを受けるようにしていた。

　今の時代には合わない意見かもしれないが、野球選手はみな限界まで練習しているもの。じゃあどこで差をつけるのかと言ったら、極限まで練習を重ねて「もう無理。限界です」というところから1本でも2本でも多く受けること。その訓練の賜物として球際に強くなったり、もう1歩先に足を運べるようになったりするのだと思う。そもそも人間というのは我が強く、思い込みの激しい生き物。自分ではプライドを持っていないつもりでも、体にはどこか譲れない部分が染み付いていて、悪い癖というのはなかなか抜けない。それを取っ払うためには、体を疲れさせて考えさせないようにすること。それこそ、試合では最終的に打球に対する反応が問われるわけだから、練習をやり込んでいく中で生まれた感覚が大きく生きてくるはずだ。

　ちなみに最近ではすっかり人工芝の球場も増えており、バウンドが読めるからこそ、内野手は楽をしてプレーする傾向がある。だが横着することに慣れていると、ふとバランスを崩した途端に立て直せなくなってしまう。したがって、人工芝であっても土のグラウンドのときと同じような感覚で守り、常に足をしっかりと動かしていくことが大切だ。

▲限界を越える練習というのはつらいが、
そこからつかめるものがある

守備のスキを作らない

★常に100%のプレーを心掛ける

　守備に関しては常にスキのないプレーをすることが大切。打者や走者の足が速かろうが遅かろうが、そのスピードに合わせてプレーするのではなく、常に100%の動きで捕ってから投げなければならない。

　そうしておけば相手の好走塁を防ぐこともできる。攻撃側からすると相手の守備のスキを突くのが走塁であって、守備にスキがなければ本来は難しいものなのだ。私も現役時代には走塁を武器にしている選手だったが、好走塁を振り返るとやはり相手の守備のスキを突いていた。

　スキが生まれる原因は選手の心の中にある。たとえば、走者一塁で右中間寄りのライトフライが飛んだとする。ライトが早々と落下地点に入ったので、セカンドから中継プレーに備えながら走者をチラッと見たらハーフウェイ。そして外野手にも「ハーフウェイだよ」と指示を出す。こうなると「タッチアップはないから余裕があるな」と感じる人が多いだろう。

　ただ、その時点で気持ちにスキが生まれている。ここでセカンドがライトの方向へ振り向いて送球を受ける体勢を作った途端、走者がパッと一塁へ戻ってタッチアップをしたら、おそらくセーフになると思う。周りから見たらスキがないように見えても、心の中で「あぁ、大丈夫だ」と思った瞬間に気が緩み、スキが生まれるのだ。逆に同じケースでも、セカンドが「走者はハーフウェイだけど、もしかしたらタッチアップをしてくるかもしれない」という心構えを持ち、ライトにも捕ったらすぐ投げるように伝えておけば、二塁へ進まれることはない。

　セカンドでスキが出やすいのは、カットマンになったときだろう。外野手からボールをもらったらその時点でいったんプレーを終わらせ、ダイヤモンド内まですぐ返さずにパッと下を向いてしまう。そこで走者に走られ、慌てて投げて悪送球というケースも少なくない。だからカットマンの心構えとしては、どんなときでもボールをもらったらすぐ投げられる状態を作りながら、必ず走者を見ること。常に走者の位置を確認している選手に対しては当然、走者もなかなか先の塁を狙うことができないし、むしろ少々のミスが出たときでも「この選手はスキがないからやめておこう」とすでにあきらめてくれていることも多い。

　逆に走者側の視点から言うと、私は現役時代、何とか相手のスキを引き出そうという工夫をしていた。たとえば一塁走者のとき、レフトの正面にクリーンヒットが飛んだとする。当然、「この打球で三塁を陥れるのは無理だな」と思うわけだが、そういうときにはあえて二塁ベース付近でスピードを緩めながらレフトと目を合わせるようにしていた。そうするとレフトは「あぁ、走らないんだな」と思って打球処理に集中する。ここでパッと下を向いてゆっくりと捕球姿勢に入るようであれば、その瞬間に私が加速して一気に三塁まで走ってセーフ。もちろん、レフトがやるべきことをしっかりこなそうとしてパパッと素早く内野手に返球する選手であれば、私も進塁はできない。だが成功したときはやはりレフトも慌てて投げていたので、それまでは気を抜いてプレーしていたのだなと思う。

　幸い、私には外野手としての経験もあるので、その心理が理解できるという部分も強みになった。相手のスキを誘発するという意味では、一塁走者のときにはこんな発想も持っていた。外野手が長打を警戒して深めに守っている場合、センター前やライト前のヒットであれば普通に走っても三塁まで進塁できることが多い。ただ、そこで一・三塁にするのではなく、何とか二・三塁を作れないだろうか、と。そして考えたのが、早い段階でスピードを緩めてセンター

やライトに「あれ？　もしかして三塁に投げればアウトにできるんじゃないか」と思わせてから、ギアを上げて全力で走ること。そうなるとプロの場合はたいてい、外野手が一人でダイレクトに送球する。その間を利用して打者が二塁を陥れるというわけだ。もちろん、自分が三塁でアウトになってしまったら元も子もない作戦なのだが、スライディングをしてギリギリのクロスプレーになってもセーフになれるという自信があったので、そのタイミングを計りながらスピードを調節していた。後ろを打つ井端さんや森野将彦、福留孝介（現・阪神）などもそれを理解してくれていたので、私が二塁ベース手前でスピードを緩めるのを見たら、彼らは逆にスピードを上げて走っていた。

　当時の中日では多くの選手がそういう部分を狙った走塁をしていたし、逆に言うと、守備では絶対にそういうスキを作らないように徹底していたと思う。守備側の気持ちのスキは、走者を２〜３メートル先に行かせてしまうもの。だからこそ、常に100％の気持ちで臨まなければならないのだ。

おわりに

　守備というのは常に100％を目指し、常に自分の100％を見せていかなければならない種目だと思っている。もちろん、どんなに上手い人であっても人間だから、ときにはミスが出てしまうこともあるだろう。ただ、その時点での100％の力を出し切ってミスをしたのであれば「実力不足なのだから後でもっと練習しよう」と割り切って考えられるだろうが、「もうちょっとこういう動きができたのにもかかわらずそれをしなかった」という状況でミスをしたのであれば、悔いばかりが残ってしまう。そもそも、守備における1つのミスというのはその後の試合展開にも響くものであり、これでは自分の精神状態や体の動きにも大きな影響を及ぼすことになる。

　また、誰もが「この打球は1つアウトを取れる」と思うケースで、確実にアウトを取っていくのが内野手。誰もが「この打球はシングルヒットだな」と思うケースで、確実にシングルヒットで止めて先の塁へ行かせないのが外野手。その守備側にスキが生まれると、打者や走者というのは容赦なくどんどん突いてくる。だからこそ100％を求め、後悔だけはしないように全力を尽くしてほしい。

　そして本編でも説明したが、練習では常にいい形を目指しながらも、試合になったらすべて忘れて何も考えずにプレーしてほしい。試合ではとにかく、アウトを取れば100点。たとえゴロを捕るときにボールを弾いたとしても、すぐさま拾って投げて打者を一塁でアウトにすれば100点だ。そこで「捕球姿勢やスローイングが練習でやってきたものとは違ったな」と感じたのであれば、それは試合後に見直してまた練習を積めばいい。何も考えずに動いたけれども、練習でやってきた形でアウトを取れた……。そこまでプレーを自分の体に染みつかせることができたら本物だろう。

　そのためにはやはり、長い時間をかけてじっくりと土台を作っていくしかない。特に守備というのは、効率良く上達するということは非常に難しい。したがって練習量もこなす必要があるし、意識も高く持って取り組むことが大事だ。現時点で「自分にとってムダだ」

と感じられることでも、後になって生きることもよくあるので、いろいろな人のプレーを見たりアドバイスを聞いたりして、まずはやってみること。その中で自分に合うものを続け、自分に合わない方法はやめるという取捨選択をしていけばいい。

　一方、指導者の方々にアドバイスをするとすれば、選手たちに対しては「こうやったら上手くなるよ」というポイントではなく、「これをやるとミスが多くなってしまうよ」というポイントを教えてあげたほうがいいと思う。
　野球というのは失敗が非常に多いスポーツであり、その失敗がより少ない選手が"いい選手"と言われる。そもそも人によって体格や身体能力も違えば、体の動かし方、考え方、感じ方などの感覚もバラバラなのだから、１つの方法を提示したとして、上手くなる人もいれば上手くならない人もいるだろう。もちろん、指導者は良いことを言っているとは思うのだが、「こうすれば上手くいく」というものは全員に共通するとは限らず、結局は人それぞれに合ったやり方をするしかない。ただ、たとえば「こういう体勢になったときは捕球ミスが出やすい」とか「こういう動きをしたら送球ミスが出やすい」など、失敗するときのポイントというのは万人に共通するもの。それを教えていけば、自然と失敗を減らせる方向に進んでいけると思う。

　そして、その中でアウトにするプレーの質を高めていけば、選手たちもどんどん守備が楽しくなってくるだろう。かくいう私も現役時代は守備率などにこだわっていたし、プロに入って一番嬉しかったのは初めてゴールデングラブ賞を獲ったとき。一般的にはベストナインのほうがやや格上のような印象を持たれているかもしれないが、私の中ではベストナインよりもゴールデングラブ賞のほうが嬉しかった。周りから守備を認められた感覚にもなったし、さらに「この賞だけはずっと獲り続けたい」とも思ったものだ。
　守備は、突き詰めれば突き詰めるほど面白い。本書を読んで、セカンドはもちろんのこと、守備に興味を抱く人が少しでも増えてくれればありがたいと思っている。

荒木雅博

撮影協力　愛知県名古屋市の野球塾＆学習塾

BE-ZONE

株式会社ハウスバンク　代表取締役　杉浦弘文（右）

BE-ZONE　統括責任者　酒井大輔（左）

著者紹介 荒木雅博

あらき・まさひろ● 1977年9月13日生まれ。180㌢74㌔。A型。熊本県出身。熊本工高—中日96年1位。プロ2年目にデビューし、当初は外野手、両打ちなどで出場機会を求めた。星野仙一監督最終年の01年夏場から一番に定着し、翌02年から二塁手の定位置を確保。2000年代は井端弘和と二遊間＆一、二番を組み黄金期に欠かせない名コンビとなった。盗塁王は07年の1回だが、04年から6年連続30盗塁以上、ゴールデングラブ賞も04年から二塁手で6年連続受賞の足と守備のスペシャリストである。17年には通算2000安打を達成。まだ脚力も守備技術も衰えは見せないが、18年限りで引退を決めた。19年は二軍内野守備走塁コーチを務め、20年から一軍内野守備走塁コーチに就任。

荒木雅博の二塁手「超」専門講座

2020年5月8日　　第1版第1刷発行

著　　　者／荒木雅博
発　行　人／池田哲雄
発　行　所／株式会社ベースボール・マガジン社
　　　　　　〒103-8482　東京都中央区日本橋浜町2-61-9 TIE 浜町ビル
　　　　　　電話　　03-5643-3930（販売部）
　　　　　　　　　　025-780-1238（新潟出版部）
　　　　　　振替　　00180-6-46620
　　　　　　http://www.bbm-japan.com/

印刷・製本／大日本印刷株式会社

©Masahiro Araki 2020
Printed in Japan
ISBN 978-4-583-11268-8　C2075

＊定価はカバーに表示してあります。
＊本書の文章、写真、図版の無断転載を禁じます。
＊本書を無断で複製する行為（コピー、スキャン、デジタルデータ化など）は、私的使用のための複製など著作権法上の限られた例外を除き、禁じられています。業務上使用する目的で上記行為を行うことは、使用範囲が内部に限られる場合であっても私的使用には該当せず、違法です。また、私的使用に該当する場合であっても、代行業者等の第三者に依頼して上記行為を行うことは違法となります。
＊落丁・乱丁が万一ございましたら、お取り替えいたします。